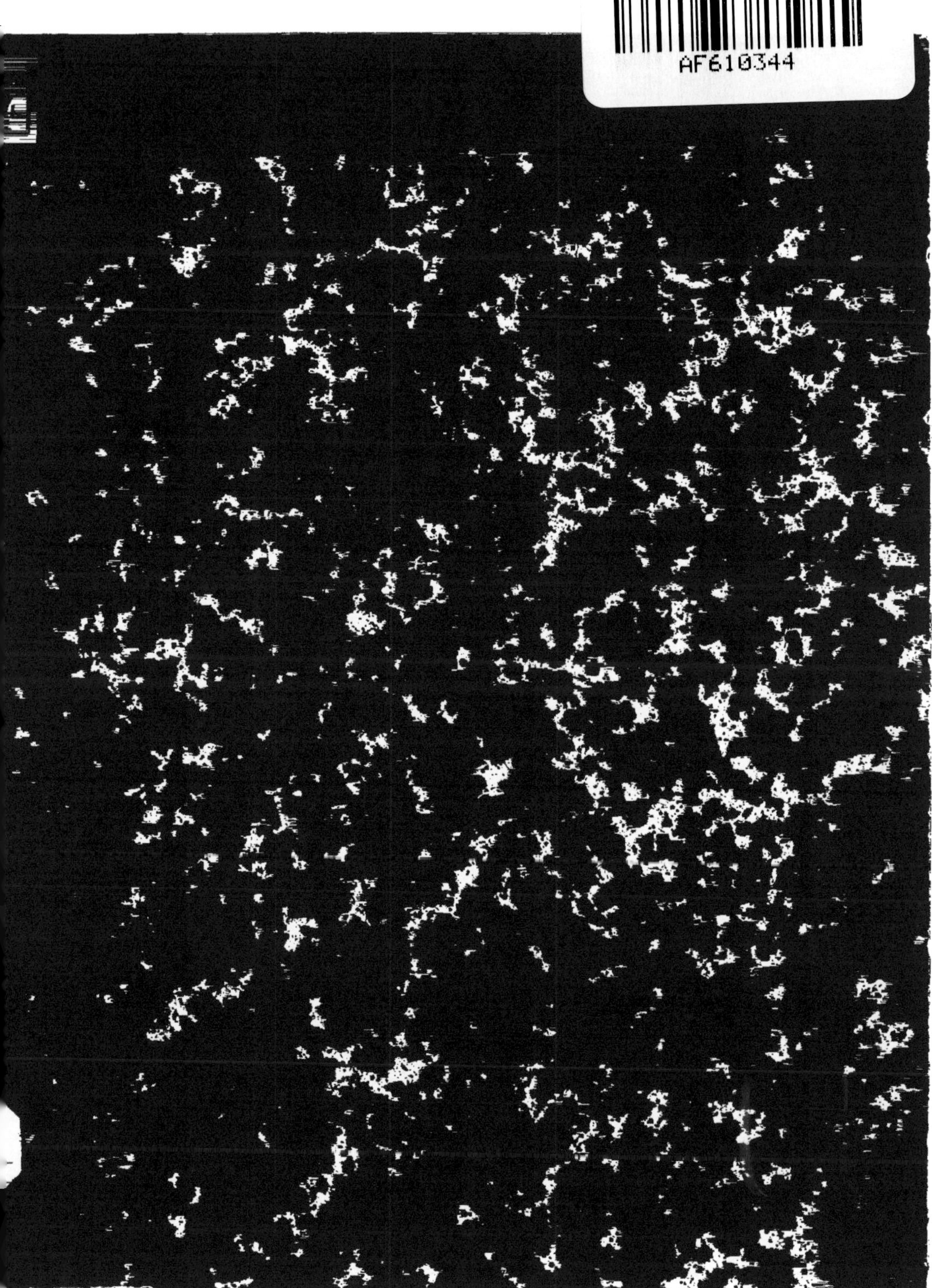

OBSERVATIONS

SUR

LES FONTAINES D'ANGERS.

OBSERVATIONS

RELATIVES AUX

FONTAINES PUBLIQUES D'ANGERS,

ADRESSÉES

A MM. LES MEMBRES DU CONSEIL MUNICIPAL,

pour servir de réponse aux Rapports de MM. les Ingénieurs FOURIER, BLAVIER et HOUYAU.

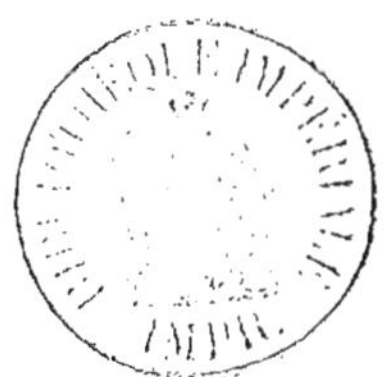

> L'analyse chimique ne suffit pas pour que l'on puisse déclarer, d'après ses résultats, qu'une eau potable est de bonne ou de mauvaise qualité ; il ne faut affirmer qu'une eau est propre aux usages hygiéniques qu'après s'être assuré par une enquête que ceux qui en boivent n'éprouvent aucun inconvénient de son usage, et que leur constitution et leur santé n'en ont reçu aucune modification fâcheuse.
>
> *Annuaire des eaux de France.*

ANGERS,
IMPRIMERIE DE COSNIER ET LACHÈSE,
Chaussée Saint-Pierre, n° 13.

1853.

Messieurs et honorés Collègues,

Il y a un an à peine, une mission de haute confiance était donnée à deux ingénieurs distingués de notre ville; ils devaient se rendre en Angleterre pour y étudier les différents systèmes de filtration de l'eau qui sont usités en ce pays. Chacun de nos concitoyens applaudit au choix de l'autorité. On espéra beaucoup de ce voyage. On pensa que l'importante question des fontaines publiques allait cependant être décidée, cette question qui préoccupe si vivement tous les habitants d'Angers, et dont la solution serait pour nous tous un si grand bienfait. On se rappelait combien elle avait lentement marché. Depuis plus de quinze années pourtant qu'elle est l'objet constant de la sollicitude de nos magistrats municipaux, vous n'ignorez pas que, malgré les nombreux mémoires qui ont été publiés sur cet intéressant sujet, malgré tant et de si recommandables travaux qui témoignent du profond savoir et des connaissances aussi solides que variées de leurs auteurs, nous sommes toujours dans la plus grande indécision. Aucun de nous ne peut dire le jour où ce vaste projet de l'établissement de nos fontaines publiques sera enfin réalisé. Les avis sont, il est vrai, unanimes sur la nécessité de l'exécuter immédiatement, mais les moyens, pour arriver à cette exécution si désirable, nous divisent encore aujourd'hui. Le récent rapport de MM. Blavier et Houyau est-il destiné à faire cesser cette division si regrettable? Est-il de nature à nous inspirer cette conviction intime qui est indispensable pour prendre un parti dans une affaire où l'avenir de notre cité est si vivement engagé? A vous seuls, Messieurs et collègues, il appartient de prononcer dans cette circonstance. Mon but, en vous présentant ces observations, n'est pas de critiquer un travail qui doit éclairer utilement certains points qui étaient encore douteux pour beaucoup d'entre vous. J'ai l'intention seulement d'examiner avec vous si les deux sources d'alimentation pour nos fontaines présentent, comme le disent MM. les ingénieurs, *des propriétés physiques et chimiques essentiellement différentes.* J'ai l'espoir, contrairement à cette opinion, de vous faire voir que ces deux sources ont une *ressemblance exacte*, quand on les étudie au point de vue de la potabilité et de la salubrité.

Toutes les fois qu'il s'agit d'établir des fontaines publiques dans une cité, la bonne qualité de l'eau est le point le plus important à connaître. Elle seule, vous le savez, peut contribuer à la conservation de la santé de ceux qui en font usage. Pour apprécier cette bonne qualité, dans tous les temps on a eu recours aux lumières des hommes qui pouvaient nous l'indiquer sûrement. Les médecins et les chimistes, qui ont tant éclairé l'hygiène des populations, ont été des premiers consultés. Pouvait-il en être autrement? Par leurs études spéciales, ils sont à même de fixer les règles qu'il faut suivre dans le choix de l'eau qui doit être distribuée comme boisson.

Dans la question qui se débat aujourd'hui devant vous, Messieurs et collègues, et que j'ai longtemps méditée, j'ai étudié, avec tout le soin dont je suis capable, les ouvrages spéciaux, pour savoir si l'eau de la Loire et celle de la Maine réunissaient les mêmes qualités. J'ai acquis la conviction profonde que ces qualités sont exactement les mêmes. L'eau de nos deux rivières est bonne et salubre; elle est digne d'être classée parmi les meilleures eaux que possède la France. Ainsi, quel que soit votre choix, vous pourrez en toute sécurité en gratifier notre ville.

CHAPITRE Ier.

EXAMEN DES PROPRIÉTÉS PHYSIQUES DE L'EAU POTABLE.

Qualités de l'eau. Il convient tout d'abord d'établir quelles sont les qualités que l'eau doit présenter pour qu'elle puisse servir utilement à la santé de ceux qui en font usage. Ces qualités ont été indiquées à peu près dans les mêmes termes, par les médecins de tous les temps, depuis Hippocrate jusqu'à nos jours. Ainsi Hallé, ce médecin qui a pour ainsi dire à lui seul créé l'hygiène, Nysten, ce savant collaborateur de Hallé, Rostan, Londes, professent tous la même opinion, que l'on trouve résumée en ces termes dans le Dictionnaire des sciences médicales : « L'eau peut être considérée comme » potable et salubre; quand elle est fraîche, limpide, sans odeur, quand

» sa saveur n'est ni désagréable, ni fade, ni piquante, ni salée, ni douceâtre ; lorsqu'elle contient peu de matières étrangères, qu'elle renferme » de l'air en dissolution ; quand elle dissout le savon sans former de grumeaux et qu'elle cuit bien les légumes secs. »

Pour compléter l'ensemble de ces caractères, il faut y ajouter ceux qui se trouvent consignés dans l'excellent traité d'hygiène publique et privée du docteur Lévy (1). « ... L'eau, dit-il encore, ne doit être ni acerbe ni » sulfureuse; elle doit bouillir sans se troubler ni former de dépôt ; elle » doit cuire les viandes sans les durcir, et elle ne doit occasionner aucune » pesanteur ni trouble dans les digestions. »

De nos jours, ces caractères sont toujours les mêmes. Ainsi les membres de la commission spéciale de l'Annuaire des eaux de la France (2), s'ex-

(1) Page 147, tome 2.

(2) Dans le mois de novembre 1849, M. Dumas, alors ministre de l'agriculture et du commerce, réclamait le concours de l'Académie de médecine pour que cette savante compagnie voulût bien, de concert avec la Société centrale d'agriculture, créer une commission mixte.

Cet appel aux hommes les plus éminents de notre pays, avait pour but la publication prompte d'un Annuaire des eaux de la France, dans l'intérêt de l'agriculture et de la médecine pratiques.

Obligé de citer fréquemment des extraits de ce remarquable ouvrage, fait par les membres de cette commission, j'ai cru devoir indiquer brièvement la manière dont elle avait été instituée, et faire connaître les noms des membres qui la composent. On verra qu'ils ont été choisis parmi les savants de notre époque, qui sont les plus estimés par leurs travaux en agriculture, en chimie et en médecine. Ils sont pour la plupart l'élite des hommes éclairés de notre pays.

MM. Héricart de Thury, *président*, membre de l'Institut et président de la Société centrale d'agriculture.

Orfila, *vice-président*, alors président de l'Académie de médecine.

Becquerel, membre de l'Institut et de la Société centrale d'agriculture.

Bouchardat, membre de l'Académie de médecine.

Boutron, membre de l'Académie de médecine et du Conseil de salubrité de la Seine.

Chevallier, *idem*.

Dubois d'Amiens, secrétaire perpétuel de l'Académie de médecine, membre du Comité d'hygiène consultatif.

O. Henry, membre de l'Académie de médecine et chef des travaux chimiques.

Milne-Edwards, membre de l'Institut et de la Société centrale d'agriculture.

Pâtissier, membre de l'Académie de médecine.

Payen, membre de l'Institut, secrétaire perpétuel de la Société centrale d'agriculture, membre du Conseil de salubrité de la Seine.

Ch. Sainte-Claire Deville, secrétaire.

priment en ces termes : « Une eau peut-être considérée comme bonne et » potable, quand elle est fraîche, limpide, sans odeur; quand sa saveur » est très faible, qu'elle n'est surtout ni fade, ni désagréable, ni salée, ni » douceâtre ; quand elle contient peu de matières étrangères ; quand elle » renferme suffisamment d'air en dissolution ; quand elle dissout le savon » sans former de grumeaux et qu'elle cuit bien les légumes. »

Si l'eau de la Loire et celle de la Maine réunissent ces différentes qualités, on devra les considérer comme étant tout-à-fait salubres, et, dans ce cas, l'une ou l'autre pourra être indifféremment choisie pour servir à l'alimentation de nos fontaines publiques.

Limpidité.

La limpidité de l'eau est une qualité désirable, mais qu'il ne faudrait pas cependant exiger d'une manière absolue pour l'eau que l'on va puiser aux rivières. Il n'y a en effet que celle des sources qui soit parfaitement limpide dans tous les temps, c'est qu'elle est pour ainsi dire filtrée naturellement à travers les terrains qu'elle parcourt, jusqu'au point où l'on vient la prendre pour qu'elle puisse servir aux besoins de la consommation. Aussi rien ne trouble sa transparence. L'eau des rivières ou des fleuves est, au contraire, rarement transparente, même dans son état normal ; mais, au moment des crues, l'eau est plus ou moins troublée par des matières étrangères. Au surplus il est facile alors le plus souvent de lui restituer la qualité qu'elle a perdue en la soumettant à la filtration. La Loire et la Maine sont dans ce cas. Le cours de la première est rapide; celui de la seconde l'est beaucoup moins, ce qui permet à une partie des matières qui se troublent de se déposer. Il est à remarquer que les crues ou débordements arrivent plus fréquemment pour la Loire qu'ils n'ont lieu pour la Maine. Désirant m'éclairer à cet égard, j'ai demandé des renseignements, desquels il résulte que l'eau de la Loire est troublée environ huit mois l'année, tandis que la Maine l'est pendant un temps bien moins long.

A la date du 4 septembre 1852, M. le docteur Vétault, des Ponts-de-Cé, m'écrivait : Pour répondre avec autant d'exactitude que possible aux » renseignements que vous me demandez touchant l'état des eaux de la » Loire pendant le cours de l'année, j'ai cru ne pouvoir mieux m'adresser » qu'aux pêcheurs des bords de ce fleuve, ces hommes étant obligés, » pour exercer leur industrie, de s'occuper sans cesse de l'état des eaux. » En effet, chaque matin, pour ainsi dire, il faut savoir si l'eau est trouble » ou limpide, pour faire choix des filets à employer.

» J'ai vu des pêcheurs de Juigné-sur-Loire, de Saint-Jean-de-la-Croix et » des Ponts-de-Cé, et voici ce que j'ai appris. Suivant eux tous : « Les eaux » sont troubles, terme moyen, au moins cinq mois l'année; *plusieurs » même m'ont dit davantage*. Pendant tout ce temps, l'eau n'est pas tou- » jours trouble au même degré. Dans les crues d'hiver, l'eau est beaucoup » moins sale que pendant les deux crues que nous subissons presque tous » les ans au commencement de l'été et à l'automne. Cette année notam- » ment la crue de la Saint-Jean a laissé les eaux fort sales pendant un mois, » du 15 juin au 15 juillet, et, depuis le mois d'août jusqu'au présent » mois, l'eau a été de nouveau constamment fort trouble, par suite des » pluies qui l'ont fait grandir. »

» Un pêcheur des Ponts-de-Cé, le nommé Rideau, Jacques, m'a dit » que pendant toutes les crues, un grand nombre de bêtes mortes étaient » entraînées par les eaux; et dans la crue de la Saint-Jean, notamment, » dans une seule matinée, il a compté sept chevaux ou bœufs, dans le » lit du fleuve, et qui lui paraissaient venir de fort loin, à en juger par » l'état de décomposition dans lequel ils se trouvaient. »

Je me serais assurément bien contenté de ces renseignements pour faire connaître le régime de la Loire, si l'un de mes collègues, membre comme moi de la commission des fontaines, n'avait émis en ma présence des doutes sur leur exactitude, prétendant que les pêcheurs qui habitent les bords de la Loire, et qui sont presque toujours sur ce fleuve, ne peuvent pas observer avec autant de soin que MM. les ingénieurs chargés du service de la navigation. Pour donner des documents qui puissent sur ce point satisfaire tout le monde, pendant un voyage que j'ai fait tout dernièrement à Tours, j'ai prié M. l'ingénieur de la navigation Cormier, de vouloir bien me dire ce qu'il savait au sujet des crues de la Loire. Il a eu l'extrême obligeance de me dicter la note que je vais transcrire ci-après; elle confirme ce que l'on m'avait appris sur le défaut de limpidité de la Loire, pendant un temps plus long encore que celui que l'on m'avait désigné.

« L'hiver, dit M. Cormier, à partir du commencement de février jus- » qu'au 15 mai, presque constamment la Loire est trouble; du milieu de » mai à la fin de juin, il y a certainement la moitié des années où l'eau » est trouble aussi constamment pendant tout le temps. Du 1er juillet au » 15 septembre, l'eau est presque toujours claire; à cette époque, les » crues sont exceptionnelles, et durent d'ailleurs très peu de temps trois

» à cinq jours par exemple. Du 15 septembre à la fin d'octobre, les mêmes » circonstances se reproduisent que celles qui ont été notées entre mai » et juin; c'est-à-dire, à peu près à moitié du temps, les eaux sont » troubles; novembre, décembre et janvier, il y a toujours de l'eau » trouble, mais il y a dans ce trouble des degrés, qui peuvent varier de- » puis la transparence opaline jusqu à celui où l'eau est tout-à-fait salie. »

Ce régime de la Loire n'était pas connu, je le suppose, de M. l'ingénieur Fourier, lorsque, dans son rapport de 1836 au Conseil municipal, il s'exprimait ainsi : « En supposant que les eaux fussent distribuées sans » avoir été préalablement clarifiées, elles pourraient être employées à » leur sortie des conduites, pendant les *deux tiers de l'année.* » Cette réflexion ne convenait ni à l'eau de la Loire, ni à celle de la Maine, puisqu'elle n'est presque jamais assez claire pour être distribuée comme on la puise; mais on devrait l'appliquer encore bien moins à l'eau de la Loire. On le voit, il n'y a que très rarement une limpidité complète de l'eau de nos deux rivières, aussi la filtration de leur eau est-elle indispensable pour l'obtenir très transparente; une pareille opération, qui est facile du reste, évitera à nos concitoyens le dégoût bien naturel que leur inspirerait une eau qui ne serait pas limpide.

Température. Une condition non moins importante que celle de la limpidité de l'eau, est celle de la température : elle doit être recherchée avec le plus grand soin. « Les meilleures eaux, dit Hippocrate, sont celles qui sont *chaudes* » *en hiver et froides en été.* » M. le docteur Dupasquier énumère les inconvénients qui peuvent résulter d'une eau trop froide en hiver, il considère la fraîcheur de l'eau pendant l'été, comme un des caractères essentiels de sa potabilité.

M. Guérard (thèse du concours d'hygiène), dit « que cette fraîcheur » de l'eau pendant l'été, est aussi nécessaire que sa limpidité; s'il fallait » même se prononcer en faveur de l'eau trouble ou de l'eau qui n'est pas » fraîche pendant les chaleurs, il donnerait, sans hésiter, la préférence à » l'eau trouble, qui, à l'aide d'un dépôt préalable ou de la filtration, » peut toujours être dépurée, tandis que l'on ne peut restituer à une eau » chaude ou tiède, la fraîcheur qui lui manque. » Hallé, Rostan, Michel Lévy, la commission de l'Annuaire des eaux de la France, sont tous de cet avis. A cet égard, les eaux de sources, qui sont presque toujours au même degré de température, l'hiver comme l'été, sont bien préférables quand on peut s'en procurer. « Aussi, dit M. Termes (1), partout où les » populations jouissent de distribution d'eaux de sources, je vois qu'elles » qu'elles en sont satisfaites ; partout, au contraire, où la fourniture est » faite avec des eaux de rivières, on n'en est que médiocrement content, » et, dans quelques villes même, on cherche de nouveaux moyens de » se procurer de l'eau potable. A Grenoble, les habitants se louent infi- » niment de la qualité des eaux de sources, qui ne varient jamais dans » leur température, ni dans leur limpidité.

» A Voiron et à Vienne, les habitants se félicitent de posséder les ex- » cellentes eaux de sources dont ils jouissent.

» A Clermond-Ferrand, la jouissance d'un filet de l'eau de sources, » amenée dans cette ville, est tellement estimée, qu'elle s'y vend à des » prix très considérables. Il en est de même à Roannes, à Lons-le-Saul- » nier. »

A ces villes, qui toutes sont approvisionnées par des eaux de sources, j'ajouterai les suivantes : Dijon possède des eaux provenant de la source du Rosoir; Niort jouit également d'une eau de source; Montpellier puise ses eaux à une source nommée Saint-Clément. Toutes ces villes sont très contentes de leurs eaux, et regretteraient beaucoup d'en être privées. Malheureusement, la ville d'Angers n'est pas à même de se procurer des eaux de sources. J'ai longtemps, mais inutilement, cherché avec plusieurs personnes pour savoir si l'on pourrait en découvrir qui pussent être utilisées.

Je ne me serais pas étendu davantage sur la préférence qui doit être accordée aux eaux de sources sur celles des rivières en général, quand leur composition chimique le permet, si je n'avais lu dans le Mémoire de MM. Blavier et Houyau les paroles sévères qu'ils ont prononcées contre les médecins qui ont conseillé de recourir à cette espèce d'eau. Ces Messieurs avaient oublié sûrement ce que les médecins ont écrit en faveur des eaux de sources, et les résultats heureux de l'expérience que j'ai relatés ci-dessus, lorsqu'ils ont exprimé, contre l'usage de ces eaux, leur extrême répugnance. Je citerai leur opinion, après avoir fait connaître celle des médecins qui se sont occupés de cette question.

M. Dupasquier (2) n'a pas de préférence particulière « pour le vul-

(1) Page 161.
(2) Page 64.

» gaire (dit-il), toutes les eaux de sources sont de bonne nature, il n'en » est point qui doivent leur être préférées; pour beaucoup de savants, il » n'est pas de meilleures eaux que celles des fleuves et des rivières, pré» jugé des deux côtés. Les savants ont raison, en effet, quand ils font » prévaloir les eaux courantes des fleuves sur certaines eaux de sources, » par exemple sur les eaux dites séléniteuses, mais ils tombent dans » *une erreur grave*, en généralisant une opinion qui n'est vraie que relati» vement. De son côté, le vulgaire a raison aussi, à l'égard de beaucoup » de sources qui offrent toutes les qualités physiques et chimiques exigées » par les lois de l'hygiène. Mais combien il se trompe quand il s'agit » d'un assez grand nombre d'eaux de sources, tellement chargées de sels » calcaires, qu'elles décomposent le savon et ne peuvent cuire les lé» gumes sans les durcir. » On ne peut que se ranger à une opinion si sagement motivée.

M. Michel Lévy s'exprime en faveur des eaux de sources, « dont la tem» pérature, invariable en toute saison, dépasse, en hiver, de 15 à 20 de» grés centigrades, celle de l'air ambiant. » Suivant M. Guérard, « le » moyen le plus efficace de se procurer de l'eau à une température con» venable, mais non le plus économique, consiste à faire arriver l'eau de » sources placées à des distances plus ou moins considérables. »

L'Académie des Sciences, dont MM. Blavier et Houyau n'ont cité que la partie du rapport qui était favorable à leur manière de voir, a formulé sa préférence pour les eaux de sources d'une manière bien évidente. Consultée, comme on le sait, en 1835, par la ville de Bordeaux, sur la question de savoir si l'eau des sources devait être préférée à celle de la Garonne, cette savante compagnie motive, en ces termes, sa préférence, tout en indiquant la meilleure composition chimique de l'eau de la Garonne, qui pourrait la faire choisir par la ville de Bordeaux : « Il résulte » de nos expériences (2) que l'eau filtrée de la Garonne doit être *préférée* » à celles qui lui sont *opposées*, si l'*on ne veut avoir égard qu'à leur com» position;* car elle est incontestablement plus pure que toutes les autres, » et même un peu plus pure que notre eau de Seine. L'eau de la Garonne ne » fournit pour produit total de l'évaporation d'un litre, que 0 gr. » 152 milligr. de résidu, celle qui vient après elle en fournit plus du » double, 0 gr. 312 milligr.; les autres, 0 gr. 344 et 0 gr. 366. . . . . .

(1) Rapport du 16 novembre 1855, p. 545 et suiv.

» Au reste (1), la commission n'hésite pas à reconnaître que la *limpidité* » *constante des eaux de sources,* jointe à l'uniformité de leur température, » lorsqu'elles sont peu distantes du point de consommation, doivent mi- » liter en leur faveur, et même *leur mériter la préférence,* si toutefois » elles sont assez abondantes en toutes saisons pour fournir constamment » la quantité exigée. *Cette préférence* serait aussi motivée sur la plus » grande confiance que le public accorde à ces eaux de sources. Beau- » coup de personnes, on le sait, répugnent à faire usage de l'eau de ri- » vière, surtout quand cette rivière reçoit et charrie une partie des im- » mondices de toute une grande cité, bien que ces immondices, divisées » dans une aussi grande masse, et si souvent renouvelée, n'influent pas » d'une manière sensible sur leur composition. »

Ces diverses citations, au sujet de la température de l'eau, qui est une qualité si essentielle, démontrent clairement que les hommes spéciaux préfèrent les eaux *de sources* à celle *des rivières,* pourvu toutefois que celles-là ne soient pas chargées de matières étrangères qui les rendraient insalubres. Après de telles autorités en matière d'hygiène publique, ne doit-on pas être bien étonné en lisant le passage suivant de MM. Blavier et Houyau :

» Que quelques médecins (2) viennent maintenant nous dire que l'opi- » nion publique s'est prononcée en mainte occasion en France en faveur » des eaux de sources, généralement très crues, à l'exclusion des eaux » de rivières, toujours plus douces; qu'ils vantent la limpidité, la fraî- » cheur de celles-ci pendant les ardeurs de l'été, leur douce température » durant l'hiver; qu'ils se plaignent au contraire de ce que celles-ci sont » troubles à l'époqne des crues, tièdes en été, glaciales en hiver, nous ne » contesterons pas les faits, mais il nous sera facile de répondre que *c'est* » *faire bon marché de la santé publique* que de laisser ainsi *s'égarer* l'opi- » nion des hommes qui ne sont pas à même de juger la question en con- » naissance de cause, et qui ne s'occupent que des apparences; que c'est » *sacrifier le fond à la forme, détestable manière* d'opérer en toute occa- » sion. »

On ne sait lequel doit le plus surprendre dans ce passage, ou du ton dogmatique d'assertions sans preuves scientifiques à l'appui, ou des re-

(1) Page 547.
(2) Page 44.

proches incroyables que l'on ne craint pas d'adresser à des hommes éminents, qui sont nos maîtres en fait d'hygiène, et dont les savantes recherches ont tant et si souvent élucidé les questions qui intéressent à la fois le bien-être et la santé des peuples. Je regrette sincèrement de m'être trouvé dans la nécessité de combattre une polémique aussi passionnée.

Bien certainement MM. Blavier et Houyau, dont chacun reconnaît le savoir, n'auraient point fait si facilement le sacrifice de la température de l'eau, de cette qualité pourtant si importante, et cela contrairement aux préceptes des autorités les plus compétentes en chimie et en médecine, s'ils n'avaient été trop préoccupés du désir de faire adopter l'eau de la Loire préférablement à celle de l'eau de la Maine. Aussi leur mémoire se ressent-il partout de cette vive préoccupation. On voit qu'ils cherchent, par tous les moyens possibles, à établir la supériorité de l'eau de la Loire. Je ne suis pas le seul, au reste, qui ait fait une semblable remarque; un chimiste des plus savants de Paris, M. Soubeiran, pharmacien en chef de la pharmacie centrale des hôpitaux de Paris, homme assurément tout-à-fait désintéressé dans la question qui nous divise, m'écrivait, à la date du 10 octobre dernier : « La 2e partie du rapport me » paraît celle surtout sur laquelle vous désirez avoir mon avis, et encore » le chapitre qui traite de la partie des eaux est-il le seul sur lequel je » doive entrer dans quelques détails. Evidemment les auteurs n'étaient » plus ici sur un terrain qui leur fût familier, et ils y ont montré un peu » trop *le bout de l'oreille.* Evidemment *leur opinion était arrêtée*, ils vou- » laient de l'eau de la Loire de préférence, et ils ont réuni tout ce qu'ils » ont trouvé d'opinions favorables à leur système. Malheureusement les » connaissances chimiques et médicales leur ont fait défaut, et ils ont » admis trop facilement des opinions fort contestables. »

Je reviens à l'examen des qualités de l'eau. J'établis ici tout d'abord cette vérité que, pour être potable, l'eau doit être sans odeur.

Odeur. L'eau de la Loire n'a pas d'odeur appréciable, surtout après qu'elle a déposé pendant plusieurs heures. Il en est de même pour celle de la Maine. On a dit, il est vrai, dans plusieurs mémoires, que cette dernière eau offre une odeur particulière, qui n'est pas marécageuse, et qu'elle doit en grande partie à la matière organique végétale qu'elle tient en suspension. C'est une erreur qu'il convient de rectifier. En puisant comme je l'ai fait, aidé de M. Cadot, de l'eau à la Maine dans le milieu du courant, au pont de la Haute-Chaîne, en amont de ce pont, nous nous sommes assurés, en l'odorant avec soin, que cette eau n'avait pas d'odeur appréciable; nous avons fait notre examen tout récemment, vers le 10 du mois d'août. L'eau de la Maine présente à un faible degré l'odeur de l'eau de toutes les rivières. A cet égard, l'eau de la Loire nous a fait reconnaître une odeur plus prononcée. Le même jour nous avons été, M. Cadot et moi, dans deux endroits différents, en puiser à la Loire. Nous l'avons prise dans le courant du grand pont des Ponts-de-Cé, en amont, et dans un autre endroit, dans le courant également, à plus de trois mètres du bord de la rivière. Examinée dans le moment même, nous avons reconnu positivement que cette eau avait une odeur d'eau de rivière assez fortement prononcée. Le lendemain de cette épreuve, dans le laboratoire de l'École de médecine, il a été constaté, par MM. les docteurs Laroche (Victor) et Daviers, ainsi que par M. Cadot et moi-même, que l'eau de la Maine et celle de la Loire avaient perdu toute leur odeur. A peine si nous avons pu en trouver une très minime. J'invite les personnes qui ne sont pas prévenues à répéter cette expérience, qui avait été déjà faite par plusieurs de nos concitoyens, lesquels avaient obtenu les mêmes résultats; elle servira à les édifier complétement à cet égard. Mais le préjugé est si puissant, on accepte si volontiers le jugement d'autrui, lorsqu'il ne s'agit pas directement de nos intérêts, que, dans cette circonstance, on ne s'est pas même donné la peine de vérifier si le fait annoncé existait réellement. Que penser alors de cette assertion si formelle de MM. Blavier et Houyau, qui soutiennent que, « même après filtration, » l'eau retient une *notable portion d'éléments organiques*, car ses partisans » les plus dévoués ne nient pas, ce qui est *d'ailleurs un fait incontestable*, » qu'elle possède encore une *odeur et un goût* caractéristiques? »

Dans ce passage, je le dis ici sans avoir l'intention de blesser ces Messieurs, on remarque presque autant d'erreurs qu'il y a de mots. Je prouverai plus tard en effet que la Maine, loin de retenir après la filtration une notable quantité d'éléments organiques, en contient à peine des traces, que ne peuvent encore indiquer les réactifs. Quant à l'*odeur* et au *goût caractéristiques* de l'eau de la Maine, je répondrai : assurément, ces Messieurs n'ont jamais odoré de l'eau de la Maine filtrée, sans cela, j'ai trop de confiance en leur loyauté pour ne pas être certain qu'ils se fussent empressés de rectifier l'assertion étrange qu'ils ont émise, et que le plus léger examen leur eût fait rejeter à l'instant même.

J'affirme donc que l'eau de la Maine, après qu'elle a été filtrée, n'a pas la plus légère odeur; chacun de vous, Messieurs et collègues, a pu s'en convaincre, en examinant, même rapidement, l'eau que je vous ai présentée dans la salle du Conseil. Dans le laboratoire de chimie de l'École de Médecine, MM. les chimistes Cadot et Daviers, MM. les docteurs Laroche Victor et Castonnet, plusieurs personnes qui se trouvaient à l'Hôpital, se sont assurés de la vérité de mon assertion.

Saveur. Il est absolument nécessaire que l'eau qui servira à notre consommation n'ait pas une saveur qui puisse causer de la répugnance à ceux qui en feraient usage. L'eau potable, d'après les auteurs, ne doit être ni désagréable, ni fade, ni piquante, ni salée, ni douceâtre, ni acerbe, ni sulfureuse: aucun de ces reproches n'est applicable soit à l'eau de la Loire, soit à celle de la Maine. Pour s'en convaincre, il suffit en effet de la goûter; aussi, je ne m'occuperais pas de prouver que la Maine n'a pas de saveur désagréable, si l'on n'avait imprimé le contraire.

» Toute saveur, dit M. Dupasquier, excepté la piquante, qui tient à la » présence du gaz acide carbonique, suffit pour faire rejeter une eau re- » putée potable. »

La Société de Médecine d'Angers avance, et je suis de son avis, que « l'eau de la Maine a un goût particulier, si on la boit presque aussitôt » après sa sortie de la rivière; ce goût est dû à la matière organique qui » n'a pas d'union bien intime avec l'eau, cette matière s'en sépare en » grande partie par le dépôt dans un lieu à basse température, et presque » entièrement après la filtration. » Mais il fallait ajouter que l'eau de la Loire présente aussi cette saveur particulière quand on la puise. Il est donc peu exact de dire, comme l'a fait M. Fourier, d'après le comité de salubrité, que la saveur de la Maine est *fade*, *terreuse* et *désagréable*. Ni l'une ni l'autre de ces qualifications ne lui conviennent. Pour le reconnaître, il suffisait, comme je l'ai fait moi-même avec M. Cadot, dans l'expérience que j'ai citée au sujet de l'odeur de l'eau, de goûter l'eau immédiatement à sa sortie de la rivière, on aurait appris que l'eau de la Maine a une saveur moins prononcée que l'eau de la Loire, et, laissant déposer pendant plusieurs heures, et goûtant alors ces deux eaux, on aurait vu que l'une et l'autre perdent cette saveur à tel point qu'on ne peut leur en trouver difficilement qu'une à peine sensible, et que surtout, après la filtration, il est difficile, pour ne pas dire impossible, de reconnaître, même après un examen minutieux, qu'elle est, quand on la goûte, l'eau de la Loire ou celle de la Maine. Il m'est permis alors de dire à MM. Blavier et Houyau : non, l'eau de la Maine, après qu'elle a été filtrée, n'a pas *un goût caractéristique*, comme vous l'avez annoncé, et si vous en doutez, livrez-vous, comme nous, aux mêmes expériences que nous avons faites, et déjà plusieurs fois répétées; interrogez en outre les personnes qui ont dégusté ces deux eaux, après qu'elles avaient subi l'opération du filtrage, les membres du Conseil municipal, qui n'ont pas *dédaigné* de voir par eux-mêmes le cas qu'ils devaient faire de ces assertions si dissidentes. Goûtez l'eau de la Maine et celle de la Loire, comme nous l'avons fait M. Cadot et moi, au moment où elle vient d'être puisée *dans le courant?* Et vous verrez qu'elle est celle qui possède le plus de goût, qui n'est du reste que celui des rivières en général; goûtez-la, après qu'elle a été laissée en repos pendant plusieurs heures, vous verrez que la saveur qu'elle offrait a pour ainsi dire tout-à-fait disparu; puis, filtrez-la et prononcez entre les deux, si vous le pouvez; mais ayez le soin, dans votre expérience, de faire comme nous l'avons *toujours* fait, lorsque l'eau était filtrée; à savoir, de placer un numéro sur chaque vase qui contiendra l'eau de la Loire et celle de la Maine, car, sans cette précaution, on pourrait malgré soi se laisser prévenir.

L'eau potable, disent les auteurs, doit bouillir sans se troubler ni former de dépôt. Les eaux de la Maine et celles de la Loire possèdent cette qualité au plus haut degré. Elles ont été soumises toutes les deux à une ébullition prolongée : il ne s'est manifesté aucun trouble ni dépôt dans le vase, soit pendant le temps qu'elles ont bouilli, soit après le refroidissement. Ébullition.

Je n'insisterai pas sur les autres propriétés qui sont exigées pour les eaux, et que réunissent au même point l'eau de la Loire et celle de la Maine. Ainsi pour tous ceux qui ont écrit sur cet intéressant sujet, il est démontré que, quelle que soit l'espèce d'eau à laquelle on ait recours pour l'eau de nos deux rivières, la cuisson des légumes s'y opère d'une manière parfaite; elles cuisent aussi très bien les viandes sans les durcir. Ce fait est tellement vulgaire à Angers, que dans les ménages on va très souvent puiser de l'eau à la Maine lorsqu'il s'agit de procéder à la cuisson des légumes secs et de la viande, la plupart des eaux de nos puits étant tout-à-fait impropres à cet usage, à cause de la grande quantité de sels calcaires ou des sulfates qu'elles contiennent. Il en est de même pour le savon, dont la solution se fait sans offrir de grumeaux qui feraient reconnaître sa décomposition. Aussi les reproches que l'on trouve consignés à cette occasion dans le Mémoire de MM. Blavier et Houyau, ne peuvent-ils concerner, en aucune manière, l'eau de la Maine. Ils sont, ainsi que je le prouverai, de tous points applicables à l'eau de la Tamise, à laquelle on a voulu, bien à tort, assimiler l'eau de la Maine. Pour savoir si bien réellement les reproches étaient mérités, il suffisait de s'informer si les légumes secs et les viandes cuisaient convenablement dans cette eau, et préparer dans le laboratoire une simple solution de savon, on aurait vu qu'il n'y avait pas de décomposition, pas plus qu'avec l'eau de la Loire. Que l'on compare maintenant les infusions de thé et celles de café, préparées avec l'eau de notre rivière, et l'on verra si elles le cèdent en rien, pour le parfum et le goût, à celles qui seraient faites avec l'eau de la Loire. Je défie que l'on puisse signaler la moindre supériorité d'une eau sur l'autre. Pour tous les usages industriels de notre cité, l'eau de la Maine sert avec avantage au tannage de nos cuirs, qui sont, comme on le sait, très estimés. La bière ne le cède en rien pour la bonne confection à celle des villes qui nous avoisinent, et l'on n'a jamais, que je sache, signalé aucune altération dans la santé occasionnée par suite de l'usage de l'eau de la Maine. Celle-ci ne peut non plus produire l'explosion des chaudières des machines à vapeur, en favorisant par leur crudité le développement des incrustations qui altèrent d'une manière si nuisible le fond de ces chaudières. On a remarqué le contraire déjà depuis bien des années. C'est à M. Houyau lui-même que l'on doit cette observation judicieuse, qu'il avait consignée dans le temps dans son Mémoire au sujet de la chaudière de l'usine d'une huilerie qui existait alors dans notre ville. « Depuis bientôt quinze ans, disait-il, que la chaudière de la machine à » vapeur de l'huilerie est montée, elle a son fond en aussi bon état que » *le premier jour; résultat rare*, que l'eau de la Loire n'aurait probable- » ment pas fourni. » L'expérience est venue sanctionner à son tour ces paroles. Les industriels d'Angers, qui ont des usines à vapeur et qui peuvent les alimenter avec de l'eau de la Maine, ont obtenu les mêmes résultats. La compagnie du chemin de fer, on ne l'ignore pas, vient d'établir à grands frais un canal pour prendre l'eau de la Maine, laquelle doit servir à l'alimentation des nombreuses chaudières à vapeur que renferme notre gare. C'est donc toujours dans le but de préconiser l'eau de la Loire, aux dépens de celle de la Maine, que ces Messieurs ont accumulé des inconvénients qui n'ont pas le plus léger fondement. Aussi M. Soubeiran avait-il bien raison, lorsqu'il me disait : « Le besoin d'appuyer cette idée (celle » de donner de l'eau qui ne contînt pour ainsi dire pas de sels) qui est » toute favorable à la Loire, toute défavorable à la Maine, a conduit vos » ingénieurs à accepter trop facilement certaines assertions fausses ou » exagérées. »

CHAPITRE II.

PROPRIÉTÉS CHIMIQUES DE L'EAU POTABLE.

Je vais actuellement m'occuper de l'examen de la partie chimique des eaux de la Loire et de celles de la Maine. C'est celle qui s'applique spécialement aux matières étrangères que l'eau peut renfermer et qui concerne également l'air atmosphérique qu'elle doit tenir en dissolution. Cette partie est difficile à comprendre pour ceux qui n'ont que de faibles connaissances en chimie. Je tâcherai de la rendre aussi claire que possible.

L'analyse chimique est d'une grande importance pour se décider sur le choix que l'on doit faire d'une eau, et déclarer non seulement si cette eau est potable, mais encore si elle peut être employée pour tous les usages culinaires, industriels et hygiéniques. Elle ne doit donc jamais être négligée, mais il ne faudrait pas cependant lui accorder une plus grande valeur qu'elle n'en a réellement, et prétendre qu'une eau ne pourrait être utilisée au profit d'une population, parce qu'elle n'offrirait pas à l'analyse ce type de pureté dans sa composition que certains médecins ont indiqué comme étant une condition expresse. « L'analyse chimique seule, dit » M. Dupasquier (1), ne suffit pas pour que l'on puisse prononcer sur la » valeur hygiénique d'une eau potable. On ne peut donc porter un juge» ment à cet égard qu'après s'être assuré, par une sorte d'enquête, si les » personnes qui font usage de l'eau soumise à l'appréciation chimique et » médicale, n'en ont éprouvé aucun inconvénient, aucune modification » dans l'état de leur constitution et de leur santé. » Analyse.

(1) Page 99.

La même opinion est ainsi exprimée dans l'Annuaire des eaux de la France : « Il y a encore beaucoup à faire pour éclairer les problèmes im-
» portants qui se rattachent à l'hygiène des eaux potables. Si jusqu'ici on
» a pu dire avec quelque fondement que l'analyse chimique ne suffit pas
» pour que l'on puisse déclarer, d'après ses résultats, qu'une eau potable
» est de bonne ou mauvaise qualité, et qu'il faut n'affirmer qu'une eau
» est propre aux usages hygiéniques qu'après s'être assuré, par une en-
» quête, que ceux qui en boivent n'éprouvent aucun inconvénient de
» son usage, et que leur constitution et leur santé n'en ont reçu aucune
» impression fâcheuse, etc. »

Comme on le voit, l'analyse chimique est utile; mais seule elle serait parfois insuffisante. Cependant, pour justifier sa préférence en faveur de l'eau de la Loire, M. Fourier, se fondant exclusivement sur les résultats de cette analyse chimique, pose en principe que plus une eau est pure, et plus elle est potable. Aussi, pour lui, l'eau qui n'est troublée *par aucun réactif*, qui, *exposée à la chaleur, se volatise sans laisser de résidu*, est une eau éminemment potable. A ce compte, l'eau distillée, à laquelle on aurait restitué l'air dont elle était privée, serait la meilleure eau possibles MM. Blavier et Houyau se prononcent dans le même sens; selon eux, l'eau ne doit renfermer *ni sels terreux, ni sels métalliques*. La conséquence d'un semblable principe est facile à déduire. Plus une eau se rapproche de l'eau que ces Messieurs ont présentée comme type, et plus cette eau sera convenable sous le rapport de la potabilité. Dès-lors, l'eau de la Loire, qui contient à peu près moitié moins de sels que l'eau de la Maine, doit être préférée. Ce raisonnement était facile à prévoir, mais l'opinion générale des médecins, à propos des effets désavantageux ou nuisibles des sels qui se trouvent dissous dans l'eau en des proportions convenables, est diamétralement opposée. Ces médecins soutiennent (et lorsqu'il s'agit d'apprécier les effets d'une substance telle quelle sur la santé de l'homme, les médecins sont assurément plus à même de le faire que qui que ce soit), ils soutiennent donc que ces sels sont *importants*, qu'ils sont même *nécessaires*, *utiles*, et que l'eau qui s'en trouverait privée n'est pas *la meilleure* qu'on puisse choisir pour alimenter des fontaines publiques.

M. Dupasquier (1) dit « que l'eau absolument *pure* est *désagréable à
» boire, pesante à l'estomac et indigeste.*

(1) Page 100.

» Que les eaux potables, pour être bonnes, doivent contenir certains » gaz et *certains sels en solution*.

» Que, parmi les substances qui se trouvent d'ordinaire en solution » dans les eaux, il en est qui sont *utiles* et *même nécessaires*, d'autres qui » sont plus ou moins nuisibles.

» Que les substances *utiles* et *nécessaires* dans les eaux, parce qu'elles » les rendent *agréables* et *digestibles*, sont :

» L'air atmosphérique, lequel agit par son oxigène;

» L'acide carbonique;

» Le chlorure de sodium;

» Le carbonate de chaux (sauf des cas exceptionnels, tels que l'exemple » que j'ai cité de la fontaine de Saint-Alyre, à Clermont-Ferrant). » Les eaux de cette fontaine contiennent une si grande quantité de carbonate de chaux, qu'elles possèdent une propriété incrustante au plus haut degré (1).

Cette opinion, on le voit, est nettement formulée. On la trouve solidement motivée dans l'ouvrage de M. Du Pasquier.

MM. Frémy et Pelouze (2) s'expriment ainsi : « Les eaux que l'on con- » sidère les plus pures sont celles des torrents qui descendent des mon- » tagnes granitiques. On doit leur préférer pour la boisson des eaux » *moins pures*, qui contiennent une petite quantité de *sels calcaires*. Les » expériences de M. Boussingault ont établi nettement que la *chaux des* » *eaux potables* concourt, avec celle que contiennent les aliments, au dé- » veloppement du système osseux. »

M. Michel Lévy, à l'occasion de la pureté des eaux, s'exprime ainsi (3) : « Les gens du monde confondent la pureté avec la transparence et accor- » dent cette qualité à l'eau qui ne tient point de matières étrangères en » suspension. Dans le sens chimique, pureté signifie absence de matières » étrangères en dissolution. A ce prix, l'eau la plus pure serait l'eau distil- » lée, qui, privée de toute espèce de sels, contient à peine quelques traces » d'air atmosphérique. Or, elle est fade, pesante à l'estomac; elle dispose » aux indigestions et ne pourrait servir longtemps à la consommation d'une » même personne. La qualité potable de l'eau n'est donc pas en raison de sa

(1) Page 197.

(2) Cours de chimie générale, tome 1er, p. 87.

(3) Page 149.

» *pureté chimique.* Il faut, au contraire, qu'elle renferme une *proportion* » *plus ou moins grande de principes étrangers* à sa composition atomique, » et, par une *prévoyance providentielle*, *toutes les eaux en sont pourvues.* »

Le savant chimiste Chevreul, dans les Annales d'hygiène (1), a consigné cette opinion qui réhabiliterait en partie les eaux des puits d'Angers, *comme boisson*, contrairement à la croyance générale des habitants de notre cité « que des eaux pluviales alimentent des puits en s'infiltrant » dans les interstices d'un sol pierreux, comme l'est celui de plusieurs » parties de la ville d'Angers, sans trouver de matières organiques sur » leur passage, et ces eaux, quoique pouvant renfermer des *sels calcaires*, » seront *fort bonnes comme boisson*, ainsi que j'en ai fait moi-même l'ex- » périence, pendant les années que j'ai passées dans cette ville. »

J'aurais pu citer un plus grand nombre d'autorités, qui, toutes, auraient contribué à fortifier cette opinion, que l'eau qui est *absolument pure*, ne servirait pas aussi *utilement à la digestion* que celle qui renferme une certaine quantité de sels.

J'ai fait voir que l'analyse chimique avait encore beaucoup à faire dans la question si importante de la potabilité des eaux, que dans l'état actuel de la science, les autorités les plus graves exigeaient encore qu'une sorte d'enquête vînt témoigner en faveur de la qualité de l'eau qui doit être employée. J'ai montré, de même, que l'extrême pureté de l'eau n'en constitue pas la qualité essentielle, quand on l'envisage comme boisson, mais que les matières étrangères qu'elle contient, ont aussi leur utilité. Je vais présenter maintenant les analyses chimiques qui ont été publiées sur l'eau de la Maine et sur celle de la Loire. Je regrette vivement qu'une analyse chimique récente de l'eau de nos rivières n'ait pas été demandée à quelque chimiste célèbre de la capitale, elle aurait servi à prouver que l'une et l'autre eau diffèrent peu sous le rapport de leur composition chimique, et qu'elles ont une valeur égale sous celui de la salubrité. J'ai proposé à plusieurs fois différentes, de faire procéder à cette analyse, et j'ai toujours échoué. J'avais indiqué un homme dont le nom est européen, et qui fait le plus grand honneur à notre cité, dont il est sorti, M. Chevreul, un des premiers chimistes de notre siècle. Je suis convaincu qu'il se serait livré à cette analyse avec empressement, et qu'il y aurait apporté cette remarquable supériorité que l'on est à habitué à

(1) Juillet 1855, p. 26

rencontrer dans toutes les questions de chimie qu'il a traitées. Mais on m'a refusé, on préférerait un chimiste de l'école des mines, fort instruit sans doute, qui, dit-on, se livre ordinairement à l'analyse des eaux, et qui doit être par cela même, *plus en état que tout autre*, de faire avec succès une pareille analyse. Un chimiste plus habile, plus exercé que Chevreul, pour faire une analyse, quelle qu'elle soit! C'est à n'y pas croire! Un homme devant lequel s'inclinent avec respect les chimistes de notre temps, qui est proclamé par eux comme leur étant supérieur, qu'ils considèrent comme leur maître à tous!

J'aurai donc recours à l'analyse de l'eau de la Maine, qui a été pratiquée par MM. Cadot et Roujou ; tandis que pour l'eau de la Loire, je prendrai celle de MM Fouré, Dabit et Hectot, de Nantes. J'indiquerai en regard l'analyse faite à Nantes, par MM. Bobierre et Moride, dont on trouve la composition dans l'Annuaire des eaux de la France; je ferai connaître ensuite l'essai chimique sur l'eau de la Maine, qui a été fait le 15 juillet dernier, dans le laboratoire de chimie de l'École de Médecine, par MM. Cadot et Daviers (1), chimistes de notre ville, dont chacun de nous connaît le talent distingué. Cet essai a été pratiqué en présence de M. le docteur Victor Laroche, conseiller municipal, notre collègue; je prenais les notes sous la dictée de MM. Cadot et Daviers.

On sait que le simple essai par les réactifs est suffisant pour déterminer si une eau est salubre; il n'est pas indispensable de recourir à une analyse quantitative; c'est du reste le mode qui a été suivi par MM. les commissaires de l'Académie des Sciences, lorsqu'il s'est agi d'examiner comparativement les eaux de sources et celle de la Garonne, sur la demande qui leur en a été faite par M. le Maire de Bordeaux. « La première chose » qui se présentait à faire (disent les membres de cette commission) (2), » c'était nécessairement de déterminer la nature de ces eaux; mais on » conçoit qu'il devenait inutile, pour le but qu'on se proposait, d'en » faire une analyse rigoureuse, qu'il suffisait de connaître assez bien leur » composition pour s'assurer si elles sont de nature à pouvoir être em» ployées à tous les usages ordinaires. Ainsi, par de simples réactifs, on » a d'abord reconnu quels étaient les principaux corps qui les compo-

(1) Je prie MM Cadot, Daviers et Laroche (Victor), de recevoir tous mes remerciements pour le concours utile qu'ils m'ont prêté.

(2) Page 545.

» saient, puis on a soumis une certaine quantité de ces eaux à l'évapora- » tion, et nous avons déterminé exactement la quantité de résidu que » chacune d'elles fournissait. » Sauf l'évaporation de l'eau, qui n'a pas été faite, c'est exactement la même marche qui a été suivie par MM. Cadot et Daviers. On ne pourrait donc infirmer les résultats qu'ils ont obtenus, sous prétexte que cette sorte d'essai ne vaut pas l'analyse quantitative.

1° EAU DE LA LOIRE.

ANALYSE DE MM. FOURÉ, DABIT ET HECTOT, DE NANTES.

Hydro-chlorate de magnésie	0 gr.,022	milligr.
Carbonate de chaux	0, 016	
Hydro-chlorate de soude	0, 044	
Alumine	0, 0015	dix millièmes.
Silice	0, 0015	
Perte	0, 0060	milligr.
	0, 0910	

2° EAU DE LA LOIRE.

ANALYSE DE MM. BOBIERRE ET MORIDE.

a *Loire prise en amont, en regard du Château.*

Gaz.	Oxigène	0lit,00548	31,31
	Azote	0, 01145	65,66
	Acide carbonique	0, 00053	3,03
		0lit,01746	100,00
Substances fixes.	Matière organique	0gr.,0220	
	Matière inorganique	0, 0950	
		0gr.,1170	
	Cette dernière composée ainsi qu'il suit :		
	Acide silicique		5,60
	Alumine et oxide de fer		4,54
	Sodium		8,72
	Calcium		24,85
	Magnesium		5,81
	Chlore		7,41
	Acide sulfurique		3,94
	Acide carbonique et oxigène combinés		39,15
			100,00

b *Loire prise en aval, au sortir de Nantes, à Trentemoult.*

Gaz.	Oxigène	0lit,00648	30,39
	Azote	0, 01375	64,50
	Acide carbonique	0, 00107	5,11
		0lit,02130	100,00
Substances fixes.	Matière organique	0gr.,0250	
	Matière inorganique	0, 0750	
		0gr.,1000	
	Cette dernière composée ainsi qu'il suit :		
	Acide silicique		4,58
	Alumine et oxide de fer		4,00
	Sodium		9,24
	Calcium		2645
	Magnesium		5,67
	Chlore		7,41
	Acide sulfurique		3,94
	Acide carbonique et oxigène combinés		38,74
			100,00

3° EAU DE LA MAINE.

ANALYSE DE MM. CADOT ET ROUJOU.

Sous-carbonate de chaux. . . . :	0 gr.,110 milligr.
Carbonate de magnésie	0, 006
Hydro-chlorate de soude.	0, 022
Hydro-chlorate de chaux et de magnésie	0, 006
Matière organique et perte	0, 013
	0 gr.,157 milligr.

4° EAU DE LA MAINE ET DE LA LOIRE.

ESSAI PAR LES RÉACTIFS DE MM. CADOT ET DAVIERS.

Cet essai a été fait sur l'eau de la Loire et sur celle de la Maine ; la première avait été recueillie aux Ponts-de-Cé, dans le courant du grand pont; la seconde, sur l'eau de la Maine, dans deux endroits différents : 1° Au pont de la Haute-Chaîne, au milieu du courant; 2° Vis-à-vis l'entrée du canal des Fours-à-Chaux, dans le courant, afin d'avoir l'eau de la Sarthe et du Loir réunis, avant leur mélange complet avec celle de la Mayenne. Ces différentes eaux ont été déposées le même jour à travers le même filtre, sans dépôt préalable. Elles ont ensuite été versées dans des carafes, portant les numéros 1, 2, 3, cachetées de manière à ce que les chimistes qui les examinaient, ne savaient quelle était l'espèce d'eau que représentait chaque numéro; le cachet n'a été rompu qu'après que toutes les opérations ont été terminées. A la fin de ce travail, on trouvera le tableau sur lequel sont consignés ces divers essais. Voici quelles ont été les conséquences déduites par ces Messieurs :

1° Pour ce qui concerne la limpidité, l'odeur et la saveur, malgré l'attention la plus scrupuleuse, on ne peut trouver *de différences appréciables* entre l'eau de la Loire et celle de la Maine, filtrées.

2° L'expérience, par suite de l'ébullition, ne permet d'établir aussi aucune différence entre les deux eaux.

3° Toutes les deux sont neutres.

4° L'existence de bi-carbonates pour l'eau de la Maine et celle de la Loire.

5° La présence d'acide carbonique pour dissoudre les bi-carbonates, cet acide ne se trouvant pas libre dans les deux eaux.

6° Pas de matière organique appréciable pour l'une et l'autre eau, les réactifs n'ayant pas indiqué sa présence.

7° Il n'y a dans ces eaux ni fer, ni plomb, ni cuivre.

8° Il y a des chlorhydrates et pas de sulfates.

9° Carbonate de chaux en moindre proportion dans l'eau de la Loire.

10. S'il y a des sels magnésiens, ils sont en de très minimes proportions, car les réactifs n'ont pas décélé leur présence.

Les analyses chimiques rapportées ci-dessus, et l'essai par les réactifs, établissent de la manière la plus convaincante, que l'eau de la Maine et celle de la Loire doivent être considérées, toutes les deux, comme étant *éminemment* potables et salubres, et qu'on peut les utiliser, sans crainte aucune, pour l'approvisionnement de nos fontaines publiques.

Si j'avais eu à discuter cette intéressante question devant des médecins seulement, ou bien en présence de personnes possédant en chimie toutes les connaissanées désirables, ma tâche serait désormais terminée. Qui pourrait, en effet, contester de semblables expériences et réfuter des chiffres si positifs? Je l'affirme, il serait impossible de *prouver scientifiquement le contraire;* mais, par une singularité dont il est difficile de se rendre compte, dans cette question qui offre tant de difficultés, ce sont précisément les hommes les moins compétents pour la résoudre, ceux dont les travaux s'éloignent le plus de l'hygiène publique, qui se sont prononcés sans hésitation, et qui ont cherché à diriger l'opinion de nos concitoyens. Par des raisons toutes spécieuses, ils se sont efforcés de démontrer l'insalubrité de l'eau de la Maine, dédaignant ainsi les *délibérations unanimes,* cependant, et si nettement formulées, des membres de la Société de Médecine, et de ceux du Comité de Salubrité, qui n'avaient donné leur avis, si bien motivé dans leurs rapports, que sur l'invitation particulière qu'll en avaient reçue de M. le Maire. Je suis dés lors obligé de reproduire en ce moment les différents arguments que l'on a invoqués contre l'eau de la Maine, et de les combattre en même temps, pour faire passer dans l'esprit de chacun de mes collègues, la conviction dont je suis animé.

« L'eau de la Maine, dit M. Fourier (1), contient une quantité de sels

(1) Page 58.

» qu'on pourra évaluer au double de celle de la Loire, si l'on considère » surtout que dans l'analyse de la Loire, on a évidemment *exagéré* la » proportion d'hydrochlorate de soude, la présence de ce sel pouvant » être attribuée en grande partie au mélange des eaux de la mer qui, lors » des marées, fluent jusqu'au-dessus de Nantes. » En admettant que MM. Fouré, Hectot et Dabit n'aient pas tenu compte du phénomène signalé par M. Fourier, peut-être parce qu'ils ne l'ont pas constaté, et supposant qu'ils aient dans ce cas, à leur insu, *exagéré* le chiffre de ce sel, qu'ainsi la Loire ne contint en réalité que moitié moins de sels que la Maine, cela ne prouverait absolument rien contre la salubrité de l'eau de la Maine, dont la composition chimique est des plus favorables, car l'eau de notre rivière contient *cinq* milligrammes seulement en plus que celle de la Garonne, et cinq en moins de celle de la Seine, qui toutes les deux sont considérées *par tous les auteurs* comme servant de types aux *eaux potables*. L'eau de la Maine pourrait donc, elle aussi, servir de *type* d'eau potable.

Quant à la silice et à l'alumine qui se trouvent dans l'eau de la Loire, et qui n'ont pour M. Fourier, et je suis de son avis, aucune importance, au sujet de l'usage qu'on en peut faire comme boisson, il n'en est plus de même lorsqu'on envisage leur présence à propos de la filtration, ce dont je m'occuperai plus loin.

Les griefs concernant la saveur de l'eau de la Maine, et son odeur *désagréable* sont tellement *exagérés*, ils soutiennent si peu l'examen, en présence de ce qui a été constaté par tous ceux qui ont expérimenté l'eau de la Maine, qu'il est inutile de s'y arrêter plus longtemps; je les ai d'ailleurs déjà réfutés, en parlant de la saveur et de l'odeur des eaux de la Loire et de celles de notre rivière.

MM. Blavier et Houyau ont aussi eux, formulé leurs reproches contre l'emploi de l'eau de la Maine. J'en ai déjà examiné plusieurs, et je crois avoir clairement prouvé qu'ils étaient empreints d'*exagération*; mais en lisant leur rapport, on est surtout frappé de la pensée qui les domine, qui semble les préoccuper presque exclusivement, c'est celle de donner à notre ville une eau qui soit privée le plus possible de *sels terreux* et *métalliques*. Il est à présumer que cette expression de *sels métalliques* ne s'est trouvée sous leur plume que pour faire ressortir encore davantage la nécessité de se servir de l'eau de la Loire, qui contient moins de matières salines, plutôt que de celle de la Maine, qui en présente en plus grande quantité; car ces Messieurs savent tout aussi bien que moi que cette expression de *sels métalliques* ne s'applique pas d'ordinaire aux sels alcalins et terreux que l'on rencontre dans les eaux potables.

Les Anglais, suivant ces Messieurs, attachent une très grande importance à la pureté des eaux (je ferai voir bientôt ce que l'on doit penser de celles qui sont distribuées à Londres) ; aussi les chimistes de ce pays ont-ils rangé dans un tableau particulier les différentes eaux, suivant leurs degrés de dureté ou de crudité, qu'ils désignent sous le nom de *Kardness*. Ainsi, selon que les eaux contiennent une plus grande quantité de carbonate de chaux, sel dont ils paraissent surtout redouter beaucoup la présence, ils les classent dans tel ou tel degré de *Kardness* ou de crudité, le 1er degré n'offrant que 0 gr. 133 dix-mille. de carbonate de chaux. Cette manière d'envisager la pureté ou la crudité de l'eau n'est pas adoptée en France; en effet, ce n'est pas seulement à cause de la proportion plus ou moins grande du *carbonate de chaux*, que les eaux y sont considérées comme bonnes et potables; on tient compte de ce sel comme des autres qui peuvent y être dissous, mais c'est en examinant la composition chimique tout entière d'une eau, que l'on arrive à se prononcer sur l'usage qu'on en peut faire. Quoi qu'il en soit, les Anglais sont tellement persuadés de l'influence nuisible du *carbonate de chaux*, que si l'on en croit MM. Blavier et Houyau, ils lui attribuent presque tous les inconvénients qu'ils ont énumérés, et que je vais relater sans en omettre aucun, car ils forment pour ainsi dire, à eux seuls, la longue série de reproches qui sont imputés à l'eau de la Maine.

Je lis, page 40 du rapport de ces Messieurs. « Le *carbonate de chaux*, » dissous à la faveur d'un excès d'acide carbonique, dans les eaux crues, » se trouvant dans le blanchissage en présence du savon, le transforme » en un savon terreux, insoluble, facilement reconnaissable à son aspect » gumeleux, en sorte que pour produire un même effet, la dépense de » savon est beaucoup plus considérable avec cette eau qu'avec l'eau pure » et douce. Le linge, d'ailleurs, est moins blanc et beaucoup plus rapide- » ment détruit.

» Dans la cuisson des légumes et des viandes, les fibres sont endurcies » par la précipitation moléculaire du *carbonate de chaux*; une partie des » sucs nutritifs est même absorbée, pour former avec la chaux un com- » posé insoluble.

» Dans l'infusion de thé, la partie astringente et active de cette feuille

» aromatique, est précipitée à l'état de tannate, en sorte que, avec une » eau très crue, il se forme un dépôt très abondant, et l'infusion perd une » grande partie de sa force et de son mérite.

» Pour la fabrication de la bière, le tannage des cuirs, l'expérience, » d'accord avec la théorie, a nettement indiqué la supériorité de l'eau » douce sur l'eau chargée de sels calcaires.

» Dans les chaudières à vapeur, les eaux crues forment des incrusta- » tions, occasionnent une plus grande dépense de combustible, et pro- » duisent souvent des explosions. »

Je continue les citations : « Des effets hygiéniques déplorables sont at- » tribués par les médecins anglais à la présence du *carbonate de chaux*, » dans les eaux qui servent à l'alimentation des villes. Dans plusieurs » villes d'Ecosse et d'Angleterre, où les eaux d'alimentation sont très » pures, il n'a pas été constaté que le système osseux des hommes et des » animaux présentât un moindre développement que dans les points où » l'eau est au contraire d'une grande crudité; que d'ailleurs nous n'avons » pas besoin de trouver cet élément calcaire dans notre boisson, puisqu'il » existe en trop grande quantité déjà dans nos aliments solides, car la » partie de ces aliments solides, qui n'est pas mise à profit pour l'entre- » tien et la rénovation de nos organes, et qui, comme inutile, est ex- » pulsée au dehors, renferme une grande proportion de sels minéraux.

» Plusieurs médecins distingués ont énoncé ce fait, que nous livrons à » l'appréciation des hommes compétents, des eaux *chargées* de *carbonate* » *de chaux*, produisent facilement une obstruction des viscères, en dimi- » nuant les sécrétions naturelles, d'où résulte un état de constipation » normale évidemment nuisible à la santé.

» La Société médicale de Glasgow, parfaitement à même d'étudier les » effets comparés des eaux douces et des eaux crues, puisque la partie nord » de la ville est alimentée par l'eau crue de la Clyde filtrée (15 degrés de » *kardness*), tandis que la région sud est alimentée par les eaux douces » venues des montagnes (4 degrés de *kardness*), déclare, à l'unanimité, » avoir reconnu la salutaire influence sur la santé publique, de l'intro- » duction de ces eaux douces pour les usages domestiques. Les calculs de » la vessie, autrefois très fréquents, ont diminué progressivement pour » disparaître complétement, et, pendant le choléra de 1849, la mortalité » a été beaucoup moindre dans la région sud de la ville que dans la ré- » gion nord.

» Les mêmes faits ont été constatés à Paisley, Bolton et autres villes » alimentées avec des eaux douces, par les médecins les plus recommandables de ces contrées.

» C'est à la suite de l'enquête faite avec un soin extrême, dont nous » venons de citer quelques éléments, que le conseil général d'hygiène et » de salubrité publique de Londres a prononcé, en parfaite connaissance » de cause, que, sous le rapport hygiénique, comme dans leur application à tous les usages domestiques ou manufacturiers, les eaux douces » étaient infiniment supérieures aux eaux *chargées de carbonate de chaux*. » Se livrant à des calculs très simples, il arrive même à démontrer qu'en » remplaçant à Londres l'eau de la Tamise, qui renferme de 11 à 12 degrés de *kardness*, par l'eau qu'on pourrait amener des environs de » Farnham et autres points voisins du comté de Surrey, ne présentant » que 1 à 2 degrés de *kardness*, on obtiendrait une économie d'environ » 50 p. 100 sur la dépense en savon et main d'œuvre pour le blanchissage » de la population de cette immense cité, ce qui est matière à considération, puisque cette dépense ne s'élève pas à moins de 125 millions de » francs par an. Pour la consommation du thé, l'économie serait de même » ordre.

» Pour faire bien apprécier (1) l'importance que le conseil général » d'hygiène et de salubrité de Londres attache au triomphe de ce principe (*softness*), *douceur*, c'est-à-dire la privation aussi complète que » possible d'éléments étrangers en dissolution, il nous suffira de dire que » dans le rapport adressé par lui aux deux chambres, il conclut que les » eaux de la Tamise, de New-River et de la rivière de Léa, ne doivent » plus être distribuées aux habitants, *à cause de leur crudité*.

» Il est certain (2) que, dans la pratique, il vaut mieux préférer l'eau » la moins chargée (il s'agit de la matière organique); mais ce serait une » erreur fatale de compter sur la salubrité absolue d'une eau qui ne serait » pas complétement *exempte de matières fermentescibles*.

» .... L'eau de la Maine est chargée de *matières organiques et minérales* » *en suspension;* après filtration, elle retient une notable *proportion d'éléments organiques*...

(1) Page 45.
(2) Page 46.

» A cause de l'excès d'acide carbonique (1) qu'elle tient en dissolution » (l'eau de la Maine, lors des troubles signalés par M. Morren), elle de- » vient *essentiellement propre* à attaquer *vivement les conduites en plomb*, » et peut se charger ainsi de principes vénéneux. »

J'ai préféré grouper ainsi tous les reproches qui ont été adressés à l'eau de la Maine, afin que chacun de MM. les membres du conseil les eût bien présents à l'esprit et pût d'ailleurs y recourir facilement et promptement, à mesure que j'avancerai dans cette discussion. Il est bien évident que, dans l'intention de MM. Blavier et Houyau, ces reproches sont de tout point applicables à l'eau de la Maine qui, présentant huit degrés de *hardness*, à cause de la quantité de *carbonate de chaux* qu'elle contient, la ferait considérer par les ingénieurs anglais comme étant une eau de *très médiocre qualité*, l'eau de la Maine, comme le disent ces Messieurs, étant chargée de *matières organiques et minérales en suspension.* Sinon, à quoi bon cette longue énumération qui ne pourrait concerner ni la Maine ni la Loire? quel serait le besoin de relater les effets nuisibles que produit dans l'eau potable la présence du *carbonate de chaux*, lorsque *cette eau s'en trouve chargée*, si la proportion de ce sel, qui existe dans l'eau de la Maine, ne pouvait, elle aussi, en déterminer de semblables? pourquoi se serait-on empressé de mentionner avec tant de soin l'opinion du conseil général de salubrité de Londres, à l'occasion des eaux dures et crues de la Tamise, de New-River et de la Léa, opinion qui défend l'usage de ces eaux, si celle de notre rivière, par sa ressemblance plus ou moins grande avec ces mêmes eaux, ne devait, aussi elle, être défendue comme boisson? Pour détruire ces assertions qui sont, suivant moi, tout-à-fait erronées, il est absolument nécessaire que j'entre dans des détails assez étendus au sujet de l'eau qui est distribuée aux habitants de la *métropole*. Quand vous en aurez pris connaissance, Messieurs et Collègues, vous comprendrez qu'il m'était tout-à-fait impossible de ne pas les mettre sous vos yeux, puisqu'ils doivent me servir utilement à réfuter les parties les plus essentielles du rapport que je discute. Vous jugerez si l'on était en droit d'appliquer à l'eau de la Maine des reproches qui, à juste titre, sont imputés à celle de la Tamise, qui contient, elle, réellement, du *carbonate de chaux en excès*, et même du *sulfate de chaux*, ce qui la rend *séléniteuse*. J'ignore pourquoi on n'a pas pas donné à l'eau

(1) Page 47.

de la Tamise cette dénomination qui était celle dont on devait dans ce cas se servir, pour la désigner. Peut-être, ne connaissait-on pas sa composition chimique. Vous verrez si l'on avait raison d'assimiler cette eau *séléniteuse*, à celle de la Maine, qui ne contient que 11 milligrammes de *carbonate calcaire*, minime quantité certainement, lorsqu'on la compare à celles que contiennent en plus grande proportion la majeure partie des eaux de la France, qui sont pourtant déclarées comme étant bonnes et potables par les médecins et les chimistes. Vous déciderez si l'eau de notre rivière, qui sert parfaitement à tous les usages culinaires, industriels et hygiéniques, peut être assimilée à une eau qui ne présente aucune des propriétés qu'elle devrait posséder.

Je me persuade alors que vous ne trouverez pas trop sévères les paroles suivantes de M. Soubéiran : « S'il fallait absolument de l'eau qui ne con- » tînt pas de sels calcaires, suivant la définition du conseil d'hygiène et » de salubrité de Londres, je plaindrais la pauvre humanité, qui est » presque partout obligée d'en boire qui n'est pas dans cette condition. » Le besoin d'appuyer cette idée, qui est *toute favorable à la Loire*, *toute* » *défavorable à la Maine*, a conduit vos ingénieurs à accepter trop facile- » ment des assertions fausses ou exagérées. Qu'est-ce, en effet, que cette » économie de 50 pour 100 sur la consommation du savon, parce que » l'on substituerait une eau de 2 degrés de crudité à une eau qui en a » 12? Cette différence de 10 degrés se traduit par 13 centigrammes de » sels calcaires par litre, qui pourraient agir sur le savon. Qu'est cette « faible proportion de sels à côté de la quantité de savon qui sert pour » un savonnage? Je n'ai pas besoin avec vous d'appuyer sur cette assertion » de médecins qui ont vu les obstructions des viscères devenir plus fré- » quentes par l'emploi de l'eau à la Clyde, les calculs de vessie diminuer » par la substitution d'une eau douce. *Ce sont de ces raisons dont ne se* » *payent pas des gens de science.* »

Ces réflexions judicieuses de la part d'un homme aussi éclairé que l'est M. Soubéiran, étaient plus que suffisantes pour me faire voir combien ces Messieurs avaient erré dans cette circonstance. Mais enfin, les effets désastreux attribués au *carbonate de chaux* étaient de nature à impressionner vivement le Conseil municipal : je devais donc les combattre. Je l'avoue, en lisant le passage cité par MM. Blavier et Houyau, je ne comprenais pas bien comment le Conseil d'hygiène et de salubrité de Londres, composé d'hommes éminents dans la science, avait pu se déterminer à proscrire les eaux de la métropole, parce qu'elles étaient principalement *chargées de carbonate de chaux*. Je n'ignorais pas, il est vrai, les effets désavantageux de ce sel en excès dans l'eau, mais cette seule cause ne me rendait pas compte de l'enquête faite avec tant de solennité chez nos voisins, au sujet de l'eau qui leur est distribuée; je me rappelais, en effet, ce que j'avais lu dans une brochure fort intéressante, publiée par M. l'ingénieur Vuitry, en 1852, sur la distribution des eaux de Londres. Cet ingénieur disait que les eaux de cette ville, étaient de qualités inférieures, mais il ajoutait (1) : « Cependant les compagnies et les *citadins* eux-» mêmes, sont loin de convenir de cette infériorité de l'eau de Londres. » Si on ne connaissait point l'exagération du patriotisme anglais, on au-» rait peine à concevoir l'aveuglement de ces derniers; quant aux préten-» tions des compagnies, elles s'expliquent suffisamment par leur intérêt. »

Réfléchissant donc avec une extrême attention à ces motifs sérieux qui sont invoqués contre l'usage des eaux de Londres, et dont ces Messieurs font une application rigoureuse à l'eau de notre rivière, je voyais avec satisfaction qu'aucun d'eux n'était applicable à l'eau de la Maine. *Un seul*, d'ailleurs, eût suffi, s'il eût existé réellement, pour me déterminer à proposer au Conseil de choisir l'eau de la Loire. Je ne m'expliquais pas bien comment on attribuait, en Angleterre, au carbonate de chaux, des effets que les chimistes et les médecins de France imputent, au contraire, à des eaux contenant des sulfates et des nitrates calcaires, et que, pour cette raison, ils nomment *séléniteuses*.

Cette dissidence, si remarquable par rapport à l'action du *carbonate de chaux* contenu dans les eaux, m'étonnait singulièrement. Nos voisins, on le sait, cultivent, eux aussi, avec succès, les sciences naturelles, et leurs travaux jouissent d'une grande estime parmi les savants. Je ne pouvais donc ne pas tenir compte de l'opinion qu'on leur prêtait, quelque défavorable qu'elle fût d'ailleurs à l'eau de la Maine. Mais comment concilier ces divers sentiments? Là était mon embarras; je croyais bien cependant à l'exactitude des citations qui étaient faites par MM. Blavier et Houyau. Dans cette situation, si difficile en apparence, j'ai fait ce que l'on devrait toujours faire en pareil cas, quand on n'est pas suffisamment éclairé sur une question, j'ai eu recours aux documents qui se trouvent consignés dans l'enquête elle-même. — J'ai prié l'un de MM. nos ingénieurs de

(1) Page 20.

vouloir bien me confier le rapport du Conseil général de santé de Londres. Grâce à l'obligeance toute particulière de deux professeurs d'anglais de notre ville, MM. Guzzi et Hastings, auxquels je témoigne ici toute ma gratitude, j'ai pu me renseigner utilement. Dans ce rapport, j'ai vu avec un bien grand plaisir qu'il n'existait réellement aucune contradiction entre les opinions des chimistes anglais et celle des chimistes de notre pays. J'aurais dû le prévoir à l'avance, car la science, quand elle est bien interprétée, est la même partout, elle n'a point de patrie de prédilection. J'ai appris également les véritables motifs de cette enquête, qui a été si souvent citée.

Dès l'année 1828, de formidables plaintes s'élevèrent *sur la mauvaise qualité* et sur *l'insuffisance de l'eau fournie* à Londres ; insuffisance par suite de laquelle 70,000 maisons et 6 à 700,000 habitants *ne recevaient point d'eau potable*. La Chambre des communes ordonna qu'une enquête serait faite au sujet des eaux qui étaient fournies par les compagnies aux habitants de la métropole. Une commission fut désignée, et les faits qu'elle a recueillis prouvent malheureusement jusqu'à l'évidence que ces plaintes n'étaient que trop fondées, comme on va le voir.

Londres est approvisionnée par les eaux de la Léa, de la Nouvelle Rivière et de la Tamise. Les deux premières ne sont point soumises à *l'action de la marée ;* la Tamise, dans Londres et dans ses environs, est une source bien moins convenable d'approvisionnement puisqu'elle roule incessamment dans tous les sens, et, *par l'effet de la marée*, les *vases*, les *dépôts*, et toutes les *immondices de la ville*.

Sept compagnies fournissent à Londres ces différentes eaux : la première, qui distribue les eaux de la Léa et de la Nouvelle Rivière ; une autre compagnie, celle de la Grande Jonction, qui fait sa prise d'eau à une telle distance de Londres, qu'il y a impossibilité à ce que l'influence des *égoûts* et de la *marée* puisse apporter la moindre atteinte à la pureté de l'eau, car elle ne fait qu'un séjour bien peu prolongé dans des bassins établis à *ciel ouvert* à Korv.

Il en est de même de la compagnie de l'ouest de Mildlesex.

Les compagnies Southwark et Vauxhall sont réduites à ne prendre *tout leur approvisionnement* que pendant *les deux tiers du reflux*. L'eau est distribuée après deux jours de repos.

La compagnie de Chelséa ne peut pomper que pendant les *dernières heures du reflux ;* elle ne fait *pas déposer les eaux*.

Celles qui sont livrées par la compagnie de Lambeth sont prises dans la Tamise, au *centre de toutes les déjections.*

Voilà donc les eaux que l'on compare avec celles de la Maine, des eaux qui sont prises dans la Tamise, au *milieu des égoûts*, et pendant *les flux et reflux de la marée*, qui sont puisées *au centre de toutes les déjections*, et dans lesquelles, par les effets de la marée, *les vases, les dépôts* et *toutes les immondices* de la ville de Londres se trouvent mêlés; eaux pour lesquelles on emploie seulement, de la part de quelques compagnies, le *dépôt préalable*; qui ne sont distribuées filtrées que par trois compagnies seulement, les autres l'étant dans l'état où elles ont été recueillies; des eaux qui rendent le savon grumeleux, caillebotté; et ce sont de telles eaux, qui inspirent rien qu'en lisant ce qu'on en rapporte un si profond dégoût, qui sont si détestables sous le point de vue de la salubrité, que l'on compare à l'eau de la Maine! Je le demande à tout homme de bonne foi, y a-t-il, entre les eaux de Londres et celles de notre rivière, le moindre terme de comparaison? Je le dis donc avec conviction : non cela n'est pas sérieux; personne, après avoir seulement goûté et examiné de l'eau de la Maine, après l'avoir appliquée aux usages culinaires et industriels, ne voudra croire que l'on ait tenté de la comparer avec l'eau de la Tamise; mais aussi personne, en méditant sur les faits que je ferai connaître successivement, ne s'étonnera de l'enquête qui a été ordonnée par la Chambre des communes. En France, le Gouvernement n'aurait pas seulement ordonné une enquête : les faits étant bien avérés, il eût défendu aux compagnies de distribuer de l'eau de Londres, sans qu'elle eût été préalablement filtrée. — En lisant les détails de cette remarquable enquête, on est profondément affligé de voir l'état déplorable dans lequel se trouve la population de Londres, au sujet de l'eau qui lui *est octroyée* comme boisson, et qu'elle *est souvent obligée d'aller mendier*. Dans les témoignages qui ont été produits, j'ai eu le soin de choisir ceux qui émanent d'hommes qui, par leur position et leur savoir, de même que par leurs observations particulières, étaient à même de fournir des documents précieux. J'ai recueilli en partie ceux qui concernaient le choléra. En général, on ne devrait émettre qu'avec la plus grande réserve une opinion sur les causes probables de ce redoutable fléau qui, comme on le sait, frappe d'effroi les populations qu'il décime, la classe pauvre surtout, et qui peut porter les malheureux dont les familles ont été victimes, aux excès les plus regrettables. Partout, en effet, où le choléra s'est montré avec intensité, on a vu les effets douloureux produits par la terreur que cette affreuse maladie inspirait; partout le peuple, qui payait, lui, si largement son tribut, a été passionné, injuste, cruel même; partout les accusations les plus odieuses et les plus absurdes ont été faites contre l'autorité. L'empoisonnement surtout des eaux a été sa première pensée; dans tous les pays, les mêmes faits se sont révélés; nous en avons vu nous-mêmes de trop mémorables exemples dans notre ville. Il faut donc craindre de porter la discorde dans une cité, en assignant au choléra des causes, quelque probables qu'elles puissent nous paraître d'ailleurs.

Voyons donc maintenant si d'après quelques-uns des témoignages résultant de l'enquête, il est bien établi que les habitants de Londres, les pauvres principalement, manquaient d'eau, et si des maladies graves, le choléra entr'autres, ont pu se produire par suite de la mauvaise qualité de l'eau qui était délivrée.

On lit dans l'enquête, au sujet des plaintes, que : l'une des plus grandes apparitions du choléra arrivée dans la ville de Londres, *côté sud*, où les habitants de plusieurs maisons ont été *presque tous enlevés*, cette apparition fut marquée par la circonstance que, parmi d'autres causes très graves de la maladie, *les ruisseaux et les étangs* des maisons avaient débordé dans les *citernes souterraines*, d'où les habitants puisaient leur approvisionnement d'eau; que dans cette période extraordinaire du choléra, quand l'organisation humaine est plus abattue et susceptible, et que l'atmosphère est aussi *malade à l'extrême*, que la *matière animale et végétale*, qui se trouvait dans l'eau était aussi plus vîte décomposée. Les effets du choléra étaient plus *graves* et plus *funestes*, l'eau avait été *gâtée certainement* par l'eau *des étangs* et *des ruisseaux*; par tout le pays, on a remarqué des exemples de choléra si communs, que la croyance générale était que les *puits étaient empoisonnés.*

TÉMOIGNAGES A L'APPUI DE CES DIVERSES PLAINTES.

Témoignage du docteur Bowies. — Il dépose que, dans Bermondsey et dans un district particulier, appelé *l'Isle de Jacob*, « l'*approvisionnement » manquait presque entièrement*, et l'eau qu'on avait était *très impure*. Je » dis que dans cette isle, on peut voir, à n'importe quel moment du » jour, des femmes puisant de l'eau dans des *fossés sales et fétides*, dont » les bords étaient couverts d'un mélange de *boues et de saletés*, *ordures*,

» et pleins d'*issues d'animaux* et de *charognes* (textuel). L'eau dont on » se servait pour tous les besoins, sans en excepter les besoins culinaires, » quoique près du lieu où on la puise, des saletés et des débris de *toute* » *espèce de choses* y sont jetés en quantité et y *pleuvent* pour ainsi dire, des » latrines *dont les matières tombent dans l'eau.* Se procurait-on un grand » approvisionnement d'*eau de ces fossés* dans le voisinage? Oui, on se » procurait de l'eau au réservoir de la compagnie de *Vauxhall*, mais la » quantité était très limitée, la plupart des maisons s'approvisionnant à » ces fossés. » M. Bowies attribue la cause du choléra dans Bermondsey, district où la mortalité était excessive, à l'usage de cette eau.

D. Avez-vous été autorisé à faire des recherches spéciales, quant à l'approvisionnement de l'eau de la ville de Londres? Dans quel état trouviez-vous l'eau?

R. *Elle manquait ordinairement*, elle était très *épaisse*, *boueuse*, *décolorée*, *putride*; on ne *pouvait s'en servir pour boire ou pour l'usage culinaire.* Je donnerai, comme preuve de ce que je rapporte, parmi une foule d'autres exemples, les maisons de Fire-Ball-Court, etc., toutes situées dans la cité de Londres, où les habitants s'expriment ainsi : que le temps qu'on donnait pour l'écoulement de l'eau *était trop court*, *qu'on en manquait très souvent*, et qu'elle était, quand on la *puisait*, *trouble* et d'une *couleur jaune;* qu'elle n'était bonne que pour *rincer* des vases de nuit et pour laver *les privés*, car *toutes espèces d'immondices* s'y trouvaient. On s'en est servi pour *laver des animaux ou pour les noyer.* L'eau qui vient de la *pompe est affreusement mauvaise*, ayant un goût comme s'il s'y trouvait *quelque chose de putréfié*, et contenant *souvent des vers longs d'un pouce*, qu'on supposait venir d'un cimetière placé derrière la maison.

Un autre témoin, M. Grainger, médecin, dit que la paroisse de Rotheritt souffrit plus encore que celle de Bermondsey. « La plupart des » pauvres s'approvisionnaient d'eau à des fossés qui reçoivent les eaux de » la Tamise, d'autres à des puits également alimentés par la Tamise. Ils » emploient l'eau, non-seulement dans son état de saleté, telle qu'elle » vient, mais encore à peu près telle qu'elle a été souillée *par d'autres* » *causes.* »

Le témoignage de M. Chandler, médecin, qui avait la *surveillance* et la direction pour les mesures adoptées pour faire face à l'épidémie du choléra; qui fut témoin de 600 cas de choléra et de 3,000 cas de diarrhée,

5

confirme ce déplorable état. « Toutes les maisons, dit-il, d'une *rue* s'appro-
» visionnaient à un puits, dont l'eau venait de la Tamise, et était en outre
» (comme cela fut expressément certifié), *contaminée*, par infiltration
» *d'un sale fossé*. Dans une autre rue, où le choléra sévissait aussi avec une
» très grande vigueur, l'eau était pareillement *très mauvaise*, elle prove-
» nait de *fossés communiquant avec la rivière*, lesquels fossés recevaient la
» matière des *latrines*. »

Le révérend Blick, dit que « dans les cas où le choléra avait été très
» cruel, il observa que dans quelques-uns l'eau *était teinte*; il est con-
» vaincu que la mauvaise qualité de l'eau dans certaines localités, agissait
» d'une manière très nuisible; que l'une des principales causes de la vio-
» lence de l'attaque, était l'usage, pour les besoins domestiques, de l'eau
» de la Tamise, *corrompue* par des *matières* provenant *d'égoûts*, dans les-
» quels les *latrines* se vident. »

Je demanderai à MM. Blavier et Houyau s'ils croient que l'usage de l'eau douce, telle qu'ils la proposent, je la suppose même encore plus pure que celle de la Loire, eût pu mettre à l'abri du choléra ou de n'importe quelle autre maladie épidémique que ce puisse être, les personnes qui en auraient fait usage, si cette eau avait été rendue *putride* par les causes nombreuses que je fais connaître ?

Témoignage de M. John-Thomas Cooper, éminent chimiste. — D. Avez-vous observé des cas de souillure d'eau conservée dans des citernes?

R. J'en connais un grand nombre, quelques-uns sur mes terres, d'autres sur celles de mes amis, où l'eau de la Tamise, qui alimente ces citernes, est devenue *impropre à l'usage*, les conduits d'approvisionnement ont été quelquefois *bouchés et délabrés par des conferves*.

D. Pensez-vous que l'eau puisse se corrompre au point de devenir nuisible à la santé ?

R. Si l'eau, dans un degré quelconque, est *contaminée* par une matière *putrescente*, l'insalubrité de l'eau augmentera en proportion de la plus grande proportion de matière végétale ou animale, presque corrompue, qui s'y trouvera contenue.

D. Quelle est votre observation sur l'eau de la compagnie que vous recevez chez vous ?

R. Elle vient *fréquemment gâtée, corrompue, altérée*, *avec l'odeur* de matière animale ou végétale *en décomposition*.

D. Filtrez-vous l'eau dont vous vous servez?

R. Oui, nous filtrons toute l'eau que nous employons pour nos *besoins culinaires*.

D. Devons-nous toujours croire que l'odeur dont vous nous parlez, est perceptible même après la filtration ?

R. Oui.

D. Il est par conséquent superflu de vous demander, comme chimiste, si vous considérez que cette eau doive être fournie à une population ?

R. *Je ne le pense certes pas.*

D. Avez-vous fait attention à la quantité de matière organique qu'elle contient dans différents cas ?

R. *Il est notoire que l'eau de la Tamise filtrée*, lorsqu'on la conserve à bord d'un navire, devient dans un court temps *putride* et impropre à l'usage; cela tient à la réaction du *sulfate de chaux* sur la matière organique, ou bien à la présence de tout *autre sulfate* qu'elle peut contenir, *engendrant* par là de *l'hydrogène sulfuré*.

Témoignage du docteur Gavin. — D. Avez-vous vu des effets résultant de l'usage de la mauvaise eau ?

R. Le rapport entre la mauvaise eau et le choléra était établi par une évidence *irréfragable*. Les cas où ce rapport était le plus clair, étaient ceux où les parties buvaient de l'eau, récemment prise aux pompes, et *gâtée par la matière des étangs....* Quand on se rappelle que l'eau des *pauvres* est presque toujours exposée au méphitisme des gaz qui proviennent des *lieux d'aisances*, et à la lente décomposition des immondices qui se trouvent dans les cours et dans les demeures des pauvres, on comprend très facilement qu'une telle eau a produit beaucoup de choléra.

L'approvisionnement d'eau de la classe pauvre des districts de l'est de Londres a lieu, soit par des *tuyaux*, des *tonneaux* (les *citernes* y étant *à peu près inconnues*), des seaux, des vasès en terre, etc., l'eau que l'on conserve dans ces vases est placée dans les maisons, et n'est pas couverte.

D. Quels en sont les effets ?

R. Dans quelques endroits, j'ai trouvé l'eau dont on *se sert pour boire* et *l'usage culinaire*, *presque putride*, partout où on l'avait laissée déposer un *court temps seulement;* dans presque tous les endroits où elle était restée *un seul jour*, elle devint *désagréable au goût.*

En dehors des maisons, les vases qui contiennent l'eau, sont *toujours ouverts*, le tonneau est presque toujours situé *prés des lieux d'aisances*, quelquefois *sous le même toit;* elle est toujours exposée aux impuretés de l'atmosphère, et sujette à être *gâtée* par l'absorption des miasmes qui viennent des *privés* et des *cours de service.*

Témoignage du docteur Milroy. — Les maux très graves qui résultent du présent système d'approvisionnement d'eau, et l'état de *saleté des citernes* dans lesquelles cette eau est reçue, *celui des vases où elle est contenue*, les *citernes* qui sont placées *soit en dedans*, *soit en dehors* des maisons, où elles sont ordinairement exposées à la *poussière* et à la *saleté* qui se trouvent dans les quartiers même les *plus propres de la ville*, sont loin d'être la source la plus grave de *l'impureté* à laquelle l'eau est exposée. Le *manque de robinets* oblige ceux qui puisent de l'eau à la prendre avec un vase dans les citernes, ce qui la *rend plus sale*, peu importe que le *vase soit malpropre.* De plus, j'ai entendu dire qu'il y avait des personnes qui y lavaient leurs *vases de nuit,* et qu'on y a vues, la citerne étant placée dans un lieu obscur, par exemple, une cave.

Quand la citerne est en dehors de la maison, elle est exposée à recevoir les *immondices* qu'on jette dans les endroits voisins de la citerne. Les pauvres sont *tellement dégoûtés* de cette eau, qu'ils ne s'en servent que pour laver, et qu'ils *vont mendier* au cabaret où ils achètent de la bière, l'eau qu'ils veulent boire. Ceci arrive *très souvent*, même dans les localités *décentes.*

Témoignage de M. Playfair, chimiste. — Il a examiné plus de 400 à 500 espèces d'eaux, pour savoir celle qui serait la meilleure pour donner à Londres; il atteste que de toutes ces eaux, celle de la Tamise contient le plus de matière *animale* et *végétale*, à part l'influence des ruisseaux de la métropole; il y a aussi excès de *sels terreux.* Le terme moyen des eaux trouvées bonnes pour des districts nouveaux était de 8 degrés de dureté; le terme moyen d'une suite d'analyses, données par le professeur Brandes, est de 16 degrés de dureté pour l'eau de la Tamise.

Ayant vécu plusieurs années dans la ville de Liverpool, ville qui a un approvisionnement *d'eau très dure*, pour l'usage domestique, mon attention a été particulièrement appelée sur l'effet de l'usage continuel de cette eau sur les fonctions digestives dans certaines constitutions susceptibles; il y a tant de causes locales de maladie dans la ville, *qu'il n'est pas facile de dire très positivement*, quel mal peut être fait par la qualité de l'eau seule. Suivant moi, *l'eau dure* tend à produire des *obstructions viscérales*, elle *constipe.* C'est là ce qui a fixé mon attention sur le fait que c'était cette eau dure et *sélénitique* qui était la cause *probable* de ces affections.

Témoignage du docteur Héberden. — Après avoir énuméré les différents degrés des eaux de Londres, il dit : On devrait s'attendre à ce que ces différentes substances souilleraient l'eau d'une manière remarquable, et cependant celle de pompe de Londres est estimée par plusieurs *pour sa bonne qualité et sa pureté.* Mais, quelles que soient ces bonnes qualités, elle diffère essentiellement de l'eau pure, dans *son goût*, *sa couleur* et son toucher.

La viande bouillie dans cette eau devient rouge. Les infusions *de thé et de café* sont bien différentes de celles faites avec de l'eau douce.

Je ne rapporterai pas d'autres témoignages. Ils sont assurément bien plus que suffisants pour établir aux yeux de tous les mauvaises qualités de l'eau de la Tamise, qui n'a pas été filtrée, dont la dureté est de 16 degrés, c'est-à-dire, d'après les Anglais, le terme extrême de crudité de ces eaux, qui, distribuées aux pauvres de la métropole, gâtées, contaminées, souillées par les immondices, les vases et les saletés de toutes sortes, ont pu avoir une influence si remarquable sur l'intensité de l'épidémie du choléra de 1849. Aussi, à mon avis, les conclusions du conseil général de salubrité de Londres, sont-elles très bien motivées.

La première établit que les eaux de la Tamise sont inférieures en qualité aux eaux fournies aux villes, infériorité due principalement à leur *excès de dureté.*

3° Que même lorsque ces eaux sont prises loin des ruisseaux de la métropole, qui les *souillent*, elles contiennent un *excès de matière végétale et animale*, qui varie avec la saison.

4° Que, bien que cet inconvénient de *l'excès de la matière organique* puisse être corrigé par la filtration, il reste encore un *excès de dureté*, qui rend cette eau *spécialement impropre* pour les usages suivants, savoir : *pour nettoyer la peau* et les usages ordinaires de lavage, en occasionnant une dépense excessive de savon; pour la préparation du thé, en occasionnant une dépense au même degré, et *pour tous les usages culinaires*, en diminuant leur efficacité et augmentant leur dépense.

6° Que l'eau prise par les compagnies de Lambeth est chargée *des impuretés animales et végétales*, produites par l'écoulement de l'*eau des ruisseaux* qui la rendent totalement *impropre* pour l'usage, et *tout-à-fait dangereuse à la santé* de ceux qui la boivent.

7° Que, sur les sept compagnies qui fournissent l'eau à Londres, il y en a quatre qui la donnent sans filtration.

10° Que, par rapport à l'infériorité de l'eau prise à sa source et *de la corruption* qu'elle rencontre par son mode de distribution, une grande portion de la population *répugne* à l'usage journalier de cette eau pour boisson, et est presque forcée de boire des liqueurs fermentées à l'excès.

12° Que le mode vicieux de distribution adopté par les compagnies force la population des districts au-dessous de la ville, à puiser l'eau dans *des étangs*, *des puits*, qui sont *souillés* par les *immondices des ruisseaux et des cimetières.*

13° Que la localisation et l'*intensité du choléra* dans de tels districts, comme ceux qui ont été rapportés, augmentaient d'une manière remarquable par l'usage d'une eau contenant une matière *végétale et animale décomposée*, provenant des *ruisseaux*, *canaux et autres sources impures.*

14° Que les districts *les plus cruellement visités par le choléra épidémique*, aussi bien que ceux affligés par des *maladies épidémiques ordinaires*, que ces districts sont situés dans des terrains bas, où, à cause de l'état *défectueux du drainage*, il y a un excès *d'humidité et de décomposition putride.*

J'ai fait connaître les principales conclusions formulées par le Conseil général de salubrité de la grande cité de Londres. Ces conclusions sont empreintes de sagesse; elles seraient certainement admises par les médecins de tous les pays. Mais que peuvent-elles au sujet de l'eau de la Maine? Rien, absolument rien. Elles démontrent seulement de la manière la plus convaincante que l'eau qui est distribuée dans la plus grande partie des quartiers de Londres est de *très mauvaise qualité*, principalement celle qui est distribuée à la classe la plus nombreuse d'une grande ville, celle des pauvres; que cette qualité est *très inférieure*, non pas à cause de la composition de l'eau, qui cependant d'après les analyses chimiques qui en ont été données par les chimistes les plus savants d'Angleterre, et l'expérience qu'il *ne faut jamais dédaigner*, rendent cette eau *tout-à-fait impropre* aux usages culinaires et industriels; mais parce qu'une telle eau, suivant les nombreux témoignages qui sont consignés dans l'enquête, est *habituellement*, *constamment*, dans certains quartiers, *souillée*, *contaminée*, *putride même*, à cause des flux et reflux de la mer qui, agitant d'une manière presque incessante *toutes ces vases*, *toutes ces saletés*, *toutes ces impuretés*, *toutes ces immondices*, dont la Tamise est le vaste réceptacle, les mélangent alors dans cette eau, et la rendent *détestable* à boire, *si malfai-*

sante pour la santé. *Aussi les districts les plus cruellement visités par le choléra épidémique, de même que par des maladies épidémiques ordinaires*, sont-ils ceux qui en font usage.

Ces conclusions prouvent également l'insuffisance de l'eau qui est distribuée à Londres pour une partie très importante de la population de la capitale de l'Angleterre.

A tous ces témoignages si imposants qui s'élèvent contre l'usage de l'eau de Londres, si l'on ajoute le résultat des analyses qui ont été données par l'illustre chimiste Brandes, et celle du docteur Péarson et de M. Gardner, qui font voir que l'eau de la Tamise qui a, terme moyen de crudité, 16 degrés, est en outre *chargée de carbonate de chaux*, et qu'elle contient du *sulfate de chaux*, qui la rend *séléniteuse*, on ne sera nullement surpris de voir que le Conseil de santé de Londres, dans sa quarante-troisième conclusion, ait proposé, à l'*unanimité* de ses membres, l'usage d'une eau dont la qualité varie de 10 à 3 degrés de dureté de celle de la Tamise, et dont l'approvisionnement pourra être double de celui qui existe aujourd'hui.

On ne sera pas étonné davantage de savoir que ce même Conseil ait proscrit l'usage de l'eau de la Tamise, non pas comme on l'a dit à cause de son *excessive dureté*, mais bien parce que dans l'état où elle était distribuée, elle était tout-à-fait *dangereuse à la santé* de ceux qui en buvaient; parce que la quantité et la nature des sels qu'elle contient la rendant *séléniteuse*, elle ne pouvait utilement servir à tous les usages culinaires, industriels et hygiéniques; parce que, malgré tous ces inconvénients et ces dangers, elle était distribuée, à la classe pauvre surtout, en *trop petite quantité*. Il doit maintenant paraître tout naturel de voir la notable économie qui a été signalée par les membres de la commission d'enquête, au sujet du savon qui est employé pour le blanchissage du linge, puisque le savon, par suite de la nature de l'eau, est complétement décomposé.

Ai-je besoin actuellement de reproduire un à un les arguments qui ont été cités contre l'usage de l'eau de la Maine? Ai-je besoin de rappeler que cette eau, qui ne renferme que la très petite quantité de 11 centigrammes de carbonate de chaux, n'a pas la moindre ressemblance avec celle de Londres, qui en *est chargée* et qui, de plus, présente du *sulfate de chaux*. Est-il nécessaire que je dise que cette faible quantité de carbonate de chaux est inférieure à celle qui se trouve dans la plupart des eaux qui sont employées aujourd'hui avec avantage en France pour l'approvisionnement des fontaines publiques, ainsi que l'on peut s'en convaincre facilement en examinant dans l'Annuaire des eaux de la France les différentes analyses qui s'y trouvent consignées. Je ne pense pas qu'il faille m'arrêter désormais bien longtemps à combattre des arguments qui ont été déjà résolus dans plus d'une partie de ce travail. Ainsi je ne mentionnerai, qu'en passant, que l'eau de la Maine est parfaite pour dissoudre le savon, qu'elle satisfait pleinement à tous les usages industriels et qu'elle n'a *jamais produit aucun dérangement dans la santé.* Cependant, je dois encore discuter certaines objections sur lesquelles on a plus particulièrement insisté.

On pose en principe, dans les Mémoires que j'examine, « que l'eau qui » est la plus pure, c'est-à-dire celle qui présente le moins de sels en dis- » solution, est la meilleure comme boisson, et l'on fonde son opinion sur » les faits qui se trouvent consignés dans l'enquête dont j'ai analysé quel- » ques témoignages. »

On dit que « l'importance que les chimistes et les médecins anglais at- » tachent à connaître le degré de crudité des eaux est pleinement justifiée » quand on étudie les effets produits par l'action du *carbonate de chaux* » dans la plupart des usages domestiques. » MM. Blavier et Houyau ne se sont pas aperçus ici que les inconvénients qu'ils signalaient et qui résultent pleinement de l'enquête précitée, n'appartenaient pas à l'eau de Londres, parce qu'elle est seulement *chargée* de *carbonate de chaux*, mais plutôt parce que cette eau contient du sulfate de chaux et qu'ainsi elle est *séléniteuse.* Ils auraient facilement évité cette erreur en se procurant, comme je l'ai fait moi-même, les analyses de l'eau faites par les premiers chimistes de Londres, analyses qu'on trouvera à la fin de ce Mémoire, et de plus, en lisant dans les différents auteurs qui traitent de l'hygiène, quels sont les sels qui rendent les eaux *séléniteuses*. Je suis bien sûr qu'en rédigeant cette partie de leur Mémoire, ils avaient totalement oublié cette distinction essentielle, indiquée par tous ceux qui se sont occupés de la potabilité et de la salubrité des eaux. — Les chimistes français ont aussi eux, comme ceux de la Grande-Bretagne, divisé les eaux en eaux douces et en eaux dures ou crues. On voit qu'il n'y a pas de dissidence entr'eux. Ils n'ont pas, il est vrai, établi une échelle partant de o gramme o133 dix millièmes de carbonate de chaux, pour indiquer les différents degrés de crudité des eaux, parce qu'ils attribuent à l'existence de ce sel dissous dans l'eau, en proportion suffisante, une action salubre, et qu' ainsi, à moins que ce sel ne soit en excès, que l'eau n'en soit, comme cela a lieu pour la Tamise, *chargée*, ils se garderaient bien de proscrire l'usage de l'eau qui en renfermerait.

M. Dupasquier (1) dit que « les eaux *douces* sont propres à tous les » usages domestiques, et par conséquent, au blanchissage du linge et à » la cuisson des légumes secs, quand elles ne contiennent pas une trop » grande quantité de sels calcaires, et *particulièrement, de sulfate de* » *chaux*, etc.

» Sont-elles, au contraire, *très chargées en sulfate de chaux*, quand le » savon s'y dissout, il se décompose immédiatement, en formant des flo- » cons ou grumeaux de savon calcaire, on les dit *alors dures ou crues, sé-* » *léniteuses* (2), ces eaux ne peuvent servir au blanchissage, ni à la cuis- » son des légumes secs, tous les médecins sont d'accord pour les consi- » dérer comme mauvaises ou indigestes.

» Elle sont *putrides*, *marécageuses*, *fétides*, quand elles contiennent » une assez grande quantité de matières organiques, pour que l'on puisse » s'en apercevoir à leur odeur désagréable. »

M. Guérard (3) dit : « une fraction de sulfate calcaire supérieure à un » millième, suffit pour communiquer à l'eau une saveur douceâtre et la » rendre *impropre aux usages de la vie*, elle est alors qualifiée de *crue* » *dure*, elle ne cuit pas les légumes secs, ne dissout pas le savon, et » enfin le sulfate de chaux, comme tous les autres sulfates, peut se dé- » composer sous l'influence des matières organiques, et donner lieu à un » dégagement *d'hydrogène sulfuré*. »

Dans l'Annuaire des eaux de France, on trouve à la page 16 : « Le sulfate » de chaux, en dissolution dans les eaux, joue un rôle très différent de celui » qu'on a attribué au *bi-carbonate de chaux;* en effet, il n'a pas, comme » ce dernier sel, la propriété de dégager un *gaz favorable à l'action diges-* » *tive et éminemment stable;* comme tous les sulfates, il est susceptible de » se décomposer sous l'influence d'une matière organique, en produisant » du *gaz sulfydrique*, ce qui le rend pernicieux pour les eaux qui, *faute* » *d'écoulement facile, sont exposées à séjourner plus ou moins longtemps* » *sur le sol.* Si l'on ajoute à ces considérations celles que nous avons déjà » exposées relativement à son action décomposante *sur les savons* et à *ses*

(1) Page 86.

(2) Page 66.

(3) Thèse de concours, page 54.

» *propriétés incrustantes* (dans les générateurs de vapeur), on devra ad-» mettre que la présence, dans les eaux, du sulfate de chaux, en quan-» tités notables, est une circonstance fâcheuse. »

Ainsi, on le voit, accord parfait entre les chimistes de France et ceux d'Angleterre, tous reconnaissent des eaux douces et des eaux dures, crues ou *séléniteuses*, tous attribuent aux matières organiques qui se trouvent contenues dans l'eau, en *quantité notable*, surtout à l'état de décomposition, une influence nuisible, et les désignent sous le nom de *mauvaises*, *putrides*, *gâtées*, *contaminées*. Il ne s'agit plus alors que de savoir dans quelle classe il convient de ranger l'eau que l'on examine; or, celle de la Tamise est *très dure*, *très crue*, *séléniteuse*; de plus, elle est très souvent *putride*, *par suite des matières qui arrivent dans ce fleuve*. Tout le monde la déclarerait impropre aux usages culinaires et nuisible à la santé, à moins qu'elle ne soit filtrée, ainsi que l'ont justement décidé les commissaires de l'enquête; mais aussi tous les savants s'empresseraient d'indiquer, comme étant une eau douce, bonne à s'en servir comme boisson et à tous les usages culinaires et industriels, l'eau de la Maine, parce qu'elle présente tous les caractères qui peuvent la rendre une eau *très potable* et *très salubre*.

J'ai démontré que les effets attribués par MM. Blavier et Houyau à l'action du *carbonate de chaux*, devaient être surtout rapportés au sulfate de chaux, qui, se trouvant en proportion notable dans l'eau de la Tamise, la rend *séléniteuse*. Je vais maintenant prouver que le carbonate de chaux que l'eau de la Maine contient, et dont elle *n'est pas chargée*, puisqu'elle n'en présente que 11 centigrammes par litre (2 grains), exerce une action plutôt favorable que désavantageuse sur sa potabilité; pour arriver à cette preuve, je vais présenter l'opinion des différents auteurs à cet égard.

M. Dupasquier (1) s'exprime ainsi : « Le carbonate de chaux, à moins » qu'il n'existe en trop grande proportion, doit être considéré comme un » *principe utile*, et je dirai même *nécessaire*, dans les eaux, puisqu'il est » reconnu que celles *privées de matières fixes*, n'ont pas les qualités qui » les rendent propres à être usitées comme boisson. Les effets thérapeu-» tiques de ce sel, *effets bien connus des médecins*, expliquent d'ailleurs » l'utilité de sa présence dans les eaux potables. Le carbonate de chaux

(1) Page 95.

» est insoluble, ou du moins insoluble dans l'eau pure, mais il peut cependant y être tenu en solution, par un excès d'acide carbonique; » c'est le cas des eaux potables qui en contiennent. En absorbant une » plus grande quantiié d'acide pour se dissoudre, il passe à l'état de bi» carbonate, et agit alors sur l'estomac, à la manière du bi-carbonate de » soude et du bi-carbonate de potasse : *base des tablettes de Vichy*, qui » sont placées au premier rang parmi les substances propres à exciter » l'action digestive de l'estomac. Les médecins emploient souvent le car» bonate de chaux, dans les embarras gastriques, les aigreurs, pour sa» turer les acides de l'estomac ; rien n'est donc plus certain et plus évi» dent que l'action utile de ce sel dans la digestion. »

M. Michel Lévy, après avoir rapporté l'opinion de M. Dupasquier qu'il adopte entièrement, ajoute (1) : « Reste à discerner les matières *utiles* et » même *nécessaires* à l'eau potable de celles qui altèrent plus ou moins ses » propriétés, ou même la rendent délétère. Les premières sont l'air at» mosphérique, l'acide carbonique, le chlorure de sodium, le *carbonate* » *de chaux*, etc. »

M. Guérard (2) : « Le bi-carbonate de chaux est regardé comme un » élément *utile* dans certaines conditions de la digestion stomacale; il agit » alors à la façon du *bi-carbonate de soude*. »

On lit dans l'Annuaire des eaux de France (3) : « Le carbonate de chaux, » en petite quantité, peut être utile dans certaines conditions de la diges» tion, en saturant un excès d'acidité du suc gastrique. L'acide carbo» nique en excès, de même que celui qui se dégage, peut favoriser la di» gestion stomacale, et le bi-carbonate de chaux, sous ce rapport, rendrait » un service analogue à celui qui est obtenu du bi-carbonate de soude » des eaux minérales alcalines. Enfin la petite quantité de chaux que con» tiennent ces eaux peut utilement concourir à la nutrition des jeunes » enfants, en fournissant à leurs os un élément indispensable. — On » connaît déjà l'opinion de MM. Pelouze et Frémy. »

Ces différentes citations prouvent que le carbonate de chaux qui se trouve dans l'eau à l'état de bi-carbonate, pourvu qu'il n'y soit pas *en excès*, et c'est ce qui a lieu pour l'eau de la Maine, produit un effet salutaire, et que, sous ce rapport, l'eau de notre rivière n'est pas du tout à rejeter.

(1) Page 149.
(2) Page 52.
(3) Page 15.

L'eau de la Maine ne pourrait non plus produire *l'obstruction des viscères et la constipation normale.* On n'a pas oublié, dans l'enquête précitée, le témoignage de M. Playfair. Ce chimiste nous fait connaître que de pareils accidents ont été observés par lui à Liverpool, ville dans laquelle les eaux sont *très dures*, *sélénitiques; très mauvaises qualités* qui ne sont nullement applicables à l'eau qui nous serait distribuée.

Le carbonate de chaux est aujourd'hui très peu usité en médecine; les ouvrages de matière médicale en font à peine mention. On lui préfère, avec raison, les bi-carbonate de soude et de potasse. Autrefois il faisait partie des médicaments dits absorbants, et il était fréquemment employé. C'était lui qui composait presque à lui seul les yeux d'écrevisses, les coquilles d'œuf, etc., qu'on administrait contre les aigreurs, les dérangements d'estomac, etc. La chaux qui forme la base de ce sel était même employée pour *fondre les calculs des reins et de la vessie.* C'était ce médicament qui formait la presque totalité du remède de Mme Stéphens, remède qui a joui pendant longtemps d'une si grande célébrité pour dissoudre les pierres de la vessie. MM. Mérat et de Lens qui, dans leur Dictionnaire de matière médicale, ont traité de toutes les substances médicamenteuses, disent (1) : « Le sous-carbonate et le sur-carbonate de chaux (bi-carbo» nate) ont été employés en médecine; ce dernier passe pour être rafraî» chissant, diurétique et même lithontriptique (dissolvant les calculs). »

L'eau de chaux jouissait effectivement autrefois d'une grande réputation *dans tous les pays* pour dissoudre les calculs. « C'est surtout son ac» tion dissolvante dans les affections des reins et de la vessie qui est célé» brée depuis les temps les plus reculés. *Nombre d'essais*, *disent les* » *auteurs*, ont prouvé que hors du corps, les calculs d'acide urique sont » dissous par l'eau de chaux, *et des faits semblent également mettre hors* » *de doute* que de semblables calculs ont pu *disparaître* par l'usage long» temps continué de l'eau de chaux (Dict. de Mérat et de Lens). » Aujourd'hui l'eau de chaux a été remplacée pour la dissolution des calculs formés d'acide urique, dans les cas de gravelle et de pierre; *calculs qui sont les plus nombreux* de tous ceux qu'on observe, ceux ayant la chaux pour base étant au contraire les plus rares, l'eau de chaux, dis-je, a été remplacée par le bi-carbonate de soude, parce qu'il *est plus soluble et plus facile à administrer.*

Ces observations, que l'on retrouve partout consignées dans les an-

(1) Page 25.

ciens comme dans les nouveaux ouvrages de médecine, sont, il est vrai, diamétralement opposées à celles qui ont été révélées dans l'enquête anglaise. J'admets sans examen leur authenticité pour ce qui concerne les calculs des habitants du sud de Glascow. J'admets sans contestation que, comme le dit le docteur Leech de Glascow (1) : « Depuis l'établisse-» ment de Gerbols, dont l'eau est pure et douce, les maladies urinaires » sont devenues moins fréquentes, surtout celles accompagnées d'une » disposition à la gravelle, autant que je le puis *constater par ma propre* » *expérience.* » Bien que quelques pages plus loin (2), ce même auteur dépose au contraire : « que dans les campagnes, dans les endroits bas, » les puits contiennent *beaucoup de carbonate de chaux en solution*, et ce-» pendant il ne paraît pas que les habitants soient sujets à la gravelle. » Malgré cette dernière observation du docteur Leech, qui serait de nature au moins à faire naître quelques doutes sur l'influence du carbonate de chaux dans la production de la gravelle, je consens néanmoins à considérer cette observation comme étant de la plus grande évidence. Eh bien! que pourrait-elle prouver? que la gravelle et que les calculs des habitants de Glascow, contrairement à ce qui s'observe dans dans toutes les contrées, sont formés de sels à base de chaux. Il ne serait pas utile dès-lors de s'en occuper sérieusement, puisqu'il s'agirait dans ce cas d'un fait tout-à-fait *exceptionnel*, et qui ne toucherait nos concitoyens en aucune façon, car nous savons qu'à Angers la gravelle, qui, par malheur, n'est que trop fréquente, est produite par l'acide urique en excès, et qu'ainsi le carbonate de chaux, qui se trouve dans l'eau de la Maine, bien qu'il y soit contenu en petite quantité, ne pourrait, s'il agissait, avoir dans ce cas qu'une action avantageuse. Il en serait de même pour les calculs.

La matière organique qui se trouve dans l'eau de la Maine, est assurément dans de trop faibles proportions pour que les bonnes qualités de l'eau en soient altérées. J'aurais donc négligé de vous en entretenir, malgré tout l'intérêt que présente l'examen de la présence de cette matière, qui existerait *en qualité notable*, dans une eau; mais, dans leur rapport, MM. Blavier et Houyau ayant dit « que ce serait une *erreur fatale* de » compter sur la salubrité d'une eau qui ne serait pas complétement Matière organique.

(1) Page 55.
(2) Page 58.

» exempte de matières formentescibles, » je dois m'occuper de combattre cette assertion. Vraisemblablement, à l'époque où ces Messieurs ont fait cette observation, ils n'avaient pas connaissance de l'analyse chimique de MM. Bobierre et Moride, de Nantes, laquelle analyse fait connaître le chiffre de la matière organique qui existe dans l'eau de la Loire, tant en amont qu'en aval. Ils ne savaient pas sans doute que ce chiffre était presque du double de celui qui représente la matière organique qu'on observe dans l'eau de la Maine; car, sans cela, ils n'auraient pas posé un principe aussi absolu que celui que j'ai rapporté. Il serait bien difficile, en effet, de trouver une eau qui fût tout-à fait privée de matière organique; presque toutes les rivières ou les fleuves en contiennent; il en est de même pour un très grand nombre d'eaux de sources. Il faudrait donc renoncer à se servir des unes et des autres, comme boisson, si c'était *réellement une erreur fatale de compter sur la salubrité d'une eau qui n'en serait pas exempte.* Bien peu d'eaux se trouveraient dans ces conditions favorables; mais, quand une eau contient de la matière organique, il ne faudrait pas en proscrire l'usage, sans examiner préalablement si cette matière est en quantité notable, ou si même elle n'est pas déjà à l'état de décomposition qui serait dès lors indiquée par sa saveur et son odeur. Existe-t-il rien de semblable pour l'eau de la Maine? Telle était la question qu'auraient dû se poser MM. Blavier et Houyau. Raisonnant d'après l'observation qu'ils avaient recueillie au sujet de l'eau de Perth qui, elle, malgré qu'elle soit filtrée naturellement, ne se débarrasse pas complétement de la matière organique qu'elle renferme, des signes évidents de décomposition s'étant manifestés dans cette eau, ces Messieurs ont admis, tout aussitôt, qu'il en serait de même pour l'eau de la Maine. Ils n'ignorent pas cependant que la matière organique ne s'y trouve contenue que pour 13 milligrammes seulement, en admettant que ces 13 milligrammes et perte dussent être exclusivement appliqués à la matière organique, la quantité est donc dans ce cas tout-à-fait insignifiante; mais la Loire, elle, à Nantes, contient 22 milligrammes de matière organique en amont, et 25 en aval. Après filtration, elle n'offre plus à l'analyse que 2 milligrammes; elle perd ainsi presque toute celle qu'elle contenait. Il en est de même pour la Maine, puisque les réactifs les plus puissants n'ont pu en déceler aucunes traces dans son eau.

L'eau de la Tamise n'est pas dans ces conditions, puisque, suivant les chimistes, elle contient des éléments organiques en quantité notable, qu'elle présente de l'odeur, même après qu'elle a été filtrée, et *devient impropre à l'usage, lorsqu'on la conserve un court espace de temps* à bord d'un navire; mais, a-t-on jamais constaté rien de semblable pour l'eau de la Loire et pour celle de la Maine, qui ont été dépurées? N'est-ce pas après dix jours de conservation que ces eaux ont été examinées? qu'elles ont été goûtées, odorées, avec la plus grande attention, qu'elles ont été soumises à l'ébullition, puis aux réactifs, et si la matière organique qu'elles auraient pu contenir dans ce cas, s'était trouvée en proportion suffisante pour altérer la qualité de ces eaux, n'est-il pas évident que les phénomènes qui sont propres à faire reconnaître cette altération se seraient manifestés? Ni l'une ni l'autre, pourtant, n'ont été décomposées. En présence de telles preuves qui sont tout-à-fait convaincantes, je puis donc affirmer que MM. Blavier et Houyau ont commis une erreur grave, lorsqu'ils ont avancé « que l'eau de la Maine, non-filtrée, est » chargée de *matières organiques* et *minérales* en suspension; qu'après » filtration, elle retient une *notable proportion d'éléments organiques*, car » ses partisans les plus dévoués ne nient pas, ce qui est d'ailleurs *un fait* » *incontestable*, qu'elle possède encore *une odeur* et *un goût caractéris-* » *tiques*. » Bien certainement, s'il arrivait qu'un chimiste, en désignant une eau qui ne renferme que 13 milligrammes, ou même 25 de matières organiques, vînt à exprimer cette quantité par le mot d'eau *chargée* de matières organiques, un tel chimiste, s'il se rencontrait, serait à juste titre taxé *d'exagération* dans son langage. Il est désormais inutile de faire connaître l'opinion des différents auteurs sur l'influence de la matière organique dans l'eau : tous signalent, en effet, ses mauvais effets sur les qualités de l'eau, quand elle se trouve en *très grande quantité*, suivant les uns, dans des proportions *très notables*, suivant les autres; ou bien encore, *chargée de cette matière*. L'on voit que pas une de ces conditions ne se trouve applicable à l'eau de la Maine; voudrait-on le soutenir, elle le serait bien plus encore à l'eau de la Loire.

Convenons donc réciproquement que l'existence de la matière organique, qui se trouve dans les eaux de la Maine et de la Loire, avant comme après leur filtration, ne doit nous inspirer aucune inquiétude.

L'eau qui sert de boisson habituelle doit être aérée : c'est une qualité essentielle qu'elle doit posséder, et sans laquelle elle ne serait pas potable; aussi, l'eau distillée qui, comme on le sait, est la *plus pure*, Air atmosphérique.

mais non pas la *meilleure*, parce qu'elle ne contient pas de *sels en dissolution*, serait tout-à-fait indigeste, et l'on ne pourrait en user longtemps; cette eau, par la distillation, ayant été privée de l'air qu'elle contenait primitivement. Mais l'air atmosphérique n'existe pas toujours dans la même proportion, dans toutes les eaux qui alimentent les fontaines publiques. Il y a même des temps où, par suite de *circonstances exceptionnelles*, des troubles plus ou moins profonds se manifestant dans l'eau des rivières, la quantité d'air alors peut diminuer de plusieurs centièmes par litre. Un fait de cette nature a été observé à Angers, pour l'eau de la Maine, en 1835; il fut étudié par le savant doyen de la Faculté de Rennes, M. Morren, que nous regretterons toujours pour notre ville. M. Morren en a fait le sujet d'un Mémoire que l'on trouve consigné dans le Recueil des Mémoires de la Société d'agriculture, sciences et arts d'Angers. Ce Mémoire fut accueilli dans le temps avec faveur, il produisit une grande impression dans le public, et les personnes qui voulaient s'élever contre l'usage de l'eau de la Maine, ne manquèrent pas de le citer avec les plus grands éloges; il devait fixer l'attention de MM. Blavier et Houyau qui, bien certainement, ont fait dire à M. Morren plus qu'il n'avait voulu lui-même exprimer. D'après ces Messieurs, il résulte « des » expériences faites avec un soin extrême, par un chimiste très habile, » que dans certaines circonstances, la quantité d'oxigène que l'eau de la » Maine tient en dissolution, devient assez faible, et la proportion d'acide » carbonique assez considérable pour compromettre gravemement l'exis- » tence des poissons. »

» L'influence d'une eau dans de pareilles conditions, doit être évidem- » ment redoutée, non seulement à cause de ses effets directs sur l'orga- » nisation animale, mais encore parce que, à cause de l'excès d'acide car- » bonique qu'elle tient en dissolution, elle devient essentiellement propre » à attaquer les conduites en plomb, et peut se charger ainsi de principes » vénéneux. »

On le voit, ces Messieurs n'ont pas cherché à atténuer la circonstance toute exceptionnelle qui a fourni à M. Morren l'occasion de faire un Mémoire intéressant. Ils ont pris tout ce qui était de nature à frapper l'esprit de nos concitoyens, tout ce qui pouvait être un sujet d'effroi. Ainsi, effets directs sur l'organisation animale, empoisonnement possible de l'eau qui parcourt les conduites, principes vénéneux, rien de ce qui pouvait produire un puissant effet sur l'opinion publique n'a été oublié. Pour les personnes qui s'occupent de chimie, le phénomène signalé par M. Morren était seulement curieux, il était digne de fixer l'attention. Les poissons avaient péri dans l'eau de la Maine par suite du trouble profond qui s'était manifesté dans cette rivière, la proportion de l'acide carbonique avait augmenté de quelques centièmes, celle de l'air avait diminué : c'était là ce qu'avait vu M. Morren. Il avait porté principalement son attention sur la quantité et la nature de l'air que « l'eau de la Maine et celle de la Loire » pouvaient tenir en dissolution. D'après les travaux de MM. Gay-Lussac » et Humboldt, l'eau de bonne qualité contient le vingt-cinquième à peu » près de son volume d'air, possédant 32 pour 100 d'oxigène. » C'est d'après ce point de départ qu'il avait jugé les eaux qu'il a examinées. Il rappelait que, dans la première huitaine du mois de juin 1835, « à la » suite d'une crue extraordinaire de la Loire, les prairies voisines de la » rivière furent inondées, et qu'on put voir sur ses bords des débris de » larves et d'insectes d'animaux noyés, et d'une grande quantité de végé» taux, surtout de *fragiles*, *d'equisetum fluviale*. A cette époque, la pres» que totalité des poissons, devenus languissants, allaient sur les bords » mourir ou se laisser prendre à la main. L'autorité proscrivit l'usage de » ces poissons, qui ont péri, non seulement parce qu'ils s'étaient gorgés » d'une proie facile et à demi-corrompue, mais de plus parce qu'ils ne » respiraient pas un air suffisamment pur. » Je dois à l'obligeance de MM. Cadot et Daviers les observations suivantes : Il ne serait peut-être pas très exact, disent ces Messieurs, d'attribuer exclusivement l'empoisonnement des poissons à la diminution de l'oxigène de l'air contenu dans l'eau et à la production d'une certaine quantité d'acide carbonique, sans tenir compte de l'hydrogène carboné. Ce dernier gaz, qui, dans les circonstances ci-dessus relatées, a dû se développer en grande abondance, n'a pas peu contribué sans doute à corrompre l'eau. Nous sommes même portés à penser que c'est principalement à son action qu'il faut rapporter la mort des poissons. C'est ce moment de perturbation de l'eau qui avait été choisi pour le commencement des expériences de M. Morren. Cet habile chimiste « ne se cachait pas que, dans ces circonstances, l'eau de » la Maine devait être profondément altérée par les substances végétales » et animales qu'elle contenait, mais la Loire se trouvait aussi dans des » circonstances à peu près semblables, modifiées, il est vrai, par la rapi» dité de son courant.... »

» . ... La densité de toutes ces eaux et leur température a presque

» toujours été la même. » Suit le détail des expériences pratiquées par M. Morren, qui avait trouvé, dans cette circonstance tout-à-fait exceptionnelle (puisqu'elle ne s'est reproduite qu'à un intervalle de dix-sept années) « que toujours l'air de l'eau de la Loire était plus pur que celui » de la Maine; que, dans celle-ci, la quantité d'oxigène subit de grandes » variations qui ne disparaissent que lentement ; tandis que l'acide carbo- » nique y a augmenté et a été élevé de 5 à 21 pour 100, celui de la Loire » se tenait de 2 à 3. »

Malgré toutes ces variations dans le régime de l'eau de la Maine, M. Morren n'en avait pas moins été porté à conclure que l'eau de notre rivière pourrait être utilisée avantageusement comme boisson, car il termine son mémoire par ces mots : « Si donc on veut établir des fon- » taines à Angers, l'emploi de l'eau de la Maine commencerait déjà à être » un bienfait, mais celui de l'eau de la Loire un bienfait beaucoup plus » grand encore. »

A l'époque où M. Morren publiait son Mémoire, il ne croyait pas qu'il fût possible de filtrer l'eau de la Maine. « On sait, disait-il (1), que jusqu'à » ce jour l'on n'a pu filtrer l'eau en grand qu'au moyen de dépenses » énormes et de renouvellement de filtres, deux circonstances auxquelles » sans doute il n'est pas permis de penser. Des chimistes peuvent, dans » leur laboratoire, filtrer convenablement quelques litres d'eau trouble; » mais il est bien différent d'avoir chaque jour à purifier des milliers de » litres. » Plus bas, en note, il ajoutait : « Le système du filtre de Tou- » louse est applicable aux eaux de la Loire. »

Ces quelques lignes nous font connaître le sentiment de M. Morren sur les différents modes de filtration qui étaient alors connus. D'un côté, l'exemple de Toulouse, exemple qui, comme le dit M. Terme (2), a eu un effet fâcheux pour plusieurs autres cités, qui, n'ayant pas les mêmes éléments de succès, ont entrepris néanmoins d'atteindre au même but. D'autre part, la difficulté extrême, et même l'impossibilité absolue où l'on était dans ce temps de filtrer de grandes masses d'eau, tels ont été très probablement les principaux motifs de la détermination de M. Morren en faveur de l'eau de la Loire. Il ignorait d'ailleurs l'existence des filtres de M. l'ingénieur anglais Thom, lesquels filtres étaient déjà en activité depuis bien des années, ainsi que je le ferai voir plus tard, et fonctionnaient

(1) Page 157.

(2) Page 165.

en Angleterre d'une manière satisfaisante, comme l'atteste M. l'ingénieur Mallet, dans une notice publiée en 1830, notice peu connue sans doute à Paris même, puisque l'Académie des sciences, en 1835, lorsqu'elle avait fait son rapport au sujet des eaux de Bordeaux, ne l'avait même pas mentionnée. Il n'est pas surprenant que M. Morren ait ignoré cet intéressant document. Aujourd'hui je suis convaincu que M. Morren, mieux éclairé, reconnaissant la facilité extrême avec laquelle de grandes masses d'eau peuvent être filtrées, reviendrait sur l'opinion qu'il avait exprimée, et qu'il ne se prononcerait pas avec autant d'assurance qu'il l'a fait sur l'application certaine de la filtration naturelle de l'eau de la Loire, pour la réussite de laquelle l'incertitude doit être des plus grandes. Je reviens actuellement à l'influence de la diminution de l'oxigène de l'air sur la Maine par rapport à sa potabilité. Si l'on consulte les auteurs au sujet de l'air qui est contenu dans l'eau, on voit qu'ils reconnaissent tous que cet air est très oxigéné. Mais ils ne s'occupent pas des proportions de l'oxigène de l'air ni de celles de l'air atmosphérique; ils ne paraissent pas jusqu'à ce jour attacher une grande importance à la proportion numérique d'oxigène et d'acide carbonique que l'eau peut contenir. Pour eux, il est utile seulement que ce liquide soit *convenablement* aéré, et l'on peut toujours lui donner cette quantité suffisante d'air, en soumettant l'eau à une aération artificielle, que rien n'est plus facile d'opérer. Selon M. Dupasquier (1), « quand on dit qu'une eau potable doit être aérée, on veut faire entendre » qu'elle doit contenir en solution de l'oxigène, » dont il n'indique pas les proportions.

M. Guérard (2) : « Toutes les eaux douces, et en particulier celles » qui sont destinées à la boisson, doivent être aérées, et l'on peut dire » qu'elles le sont toutes. » MM. Halé, Rostan, Michel Lévy, Tardieu, ne s'expriment pas différemment au sujet de l'air que l'eau doit contenir; aucun d'eux n'indique la quantité en chiffres, pas plus que celle de l'acide carbonique. Les membres de la commission de l'Annuaire des eaux de la France disent (3) : « Tous les auteurs admettent en outre » qu'une eau de bonne qualité doit contenir de l'air en dissolution : plu- » sieurs ont particulièrement avancé que c'est particulièrement l'oxigène » dont l'influence est favorable. »

(1) Page 89.

(2) Page 51.

(3) Page 14.

Mais de chiffre indiqué pour établir les quantités exactes d'air, d'oxigène et d'acide carbonique, il n'en est pas question. Je puis donc dire, que jusqu'à ce moment, les médecins n'ont pas considéré comme étant essentielles à connaître les différentes proportions des gaz qui sont contenus dans les eaux potables. Ces quantités d'ailleurs sont tellement variables, qu'il serait bien difficile d'établir des règles précises à cet égard. Chacun sait, par exemple, que l'eau des sources et des puits renferme une quantité d'air atmosphérique moins considérable que celle des rivières; que cet air est aussi moins oxigéné; que l'acide carbonique y est généralement en plus grande proportion; néanmoins ces eaux jouissent de toutes les propriétés des eaux saines et potables et sont journellement employées.

Acide carbonique.

MM. Blavier et Houyau, après avoir examiné l'opinion de M. Morren, par rapport au trouble exceptionnel de l'eau de la Maine, considérant que le gaz acide carbonique a augmenté de proportion dans cette eau, au moment du trouble signalé, émettent cette assertion « que, à cause de » l'excès d'acide carbonique qu'elle tient alors en dissolution, elle devient » essentiellement propre à attaquer vivement les conduites en plomb, et » peut se charger ainsi de principes vénéneux. » D'un autre côté, singulièrement préoccupés de l'action malfaisante du *carbonate de chaux*, qui se trouve dans les eaux, sel auquel ils imputent bien à tort, comme je crois l'avoir démontré, un si grand nombre d'accidents, ces Messieurs lui attribuent encore une action bien dangereuse, sans tenir compte de ce fait, reconnu par eux, comme par tous les chimistes, à savoir « que l'eau dis- » tillée a une tendance très marquée à dissoudre l'acide carbonique con- » tenu dans l'air, et que cet excès d'acide carbonique agit énergiquement » sur le plomb, pour former un carbonate, poison très actif; ils admettent » que plus une eau contient en dissolution de *carbonate de chaux*, plus, » dans certaines conditions, elle peut présenter de dangers par son con- » tact avec des récipients en plomb; en effet, ce carbonate n'est tenu en » dissolution qu'à la faveur d'un excès d'acide carbonique, et s'il se dé- » pose, ce qui peut arriver *par des causes nombreuses*, l'acide carbonique » devient libre, et peut agir vivement sur les surfaces métalliques avec » lesquelles il se trouve en contact... Les citernes en plomb de Londres » étaient beaucoup plus rapidement corrodées par l'action des eaux de la » Tamise, que les tuyaux de conduite par où s'écoulent les eaux de

» Farnham.... L'empoisonnement dont a failli être victime, en 1849, la » famille d'Orléans, au château de Claremont, et il est bon de constater » en passant que l'eau qui alimente ce château, est une eau de source » *très chargée de sels calcaires...* »

Ainsi, voilà qui est bien établi, suivant MM. Blavier et Houyau :

1° L'acide carbonique, qui se développe accidentellement dans l'eau de la Maine, pourrait donner lieu à la formation d'un sel de plomb.

2° La proportion plus grande de l'acide carbonique, qui est nécessaire pour dissoudre le carbonate de chaux que contient l'eau de la Maine, peut, par des *causes nombreuses*, être mis à l'état de liberté, et, dans cette circonstance, la production d'un sel de plomb pourra en être la conséquence.

Pour répondre à ces deux objections, dont chacun de vous, Messieurs et collègues, comprend toute la gravité, je pourrais me contenter de faire remarquer que le plomb ne devra entrer que pour une très minime partie dans le réseau si étendu des tuyaux de nos fontaines, et qu'il n'y aura pas de citernes en plomb, mais seulement des réservoirs pour les habitants qui prendraient des concessions; encore ces réservoirs pourraient-ils être construits en toute autre matière, mais je dois discuter ces objections, et faire voir que ni l'une, ni l'autre, ne peut être invoquée contre l'eau de la Maine.

J'ai déjà fait observer que M. Morren, dans son Mémoire, lorsqu'il a signalé la présence en excès de l'acide carbonique dans l'eau de la Maine, n'avait pas parlé des inconvénients que cet acide pourrait produire dans l'eau qu'il soumettait à l'analyse. Bien certainement, la possibilité de la formation d'un sel de plomb n'aurait pu échapper à sa sagacité, mais enfin, il a pu ne pas y songer, soit; voyons donc par ce que disent les auteurs, à cet égard, s'il y a eu oubli de la part de M. Morren. Leur silence complet sur ce point prouve qu'ils n'ont pas observé d'accidents produits par cet excès d'acide carbonique ; cependant, ils notent les cas où l'acide carbonique serait *en excès* dans des eaux qui n'en seraient pas moins potables; mais alors il n'aurait pour effet que de donner à l'eau des propriétés plus agréables et plus digestibles. Suivant M. Dupasquier, « *les eaux potables* » *où le gaz acide carbonique est le plus abondant, doivent être placées parmi* » *les meilleures* (1). » M. Tardieu (2), « *une faible proportion d'acide carbo-*

(1) Page 92.
(2) Dict. d'hyg., page 48.

» *nique donne une légère sapidité à l'eau et la rend plus agréable.* » M. Guérard (1) : « L'acide carbonique, en petite proportion, peut influer avan-» tageusement sur les propriétés de l'eau, qu'il rend plus sapide et un » peu plus excitante. » Dans l'Annuaire des eaux de France, on exprime la même opinion. Ainsi, les auteurs, dont j'aurais pu citer un plus grand nombre, font ressortir seulement les effets avantageux qui auraient lieu par suite d'un excès d'acide carbonique, dissous dans l'eau; tous, disent que cet acide donnerait à l'eau une saveur piquante plus agréable, mais ils n'ajoutent rien de plus; de la formation d'un carbonate de plomb, à cause de l'excès d'acide carbonique, pas un mot de leur part. Cet accident n'est donc pas aussi à craindre qu'on paraîtrait vouloir l'exprimer. Dans ce cas, pourtant, la quantité d'acide carbonique est bien autrement abondante dans l'eau, qu'elle ne le serait pour l'eau de notre rivière, qui n'en contiendrait, ainsi qu'on se le rappelle, que 20 centièmes au plus.

Un seul, néanmoins, s'est occupé de cet accident, M. Guérard (2), à l'occasion des réservoirs en plomb. Ce médecin s'exprime ainsi : « De » toute antiquité, on a employé le plomb à la construction des réservoirs » et des conduites d'eaux; en général, *le plomb*, malgré l'énergie toxique » de ses oxides, et de la plupart des composés qu'il concourt à former, » ne donne lieu à aucune altération de l'eau qu'on y emmagasine. Cette » particularité tient sans doute à ce qu'il est, comme le fer, protégé » contre l'action de l'oxigène atmosphérique par la *petite quantité de bi-» carbonate calcaire* qui entre dans la composition de la majeure partie » des eaux potables. » Ainsi, pour M. Guérard, ce qui le rassure sur la possibilité d'un accident produit par le plomb, c'est la *petite quantité de bi-carbonate calcaire*, contenue dans les eaux potables.

« Toutefois, dit M. Guérard, on cite des exemples d'intoxication satur-» nine, développée sous l'influence de l'usage alimentaire d'une eau qui » avait séjourné *longtemps* dans un réservoir de plomb. » J'ai souligné avec intention ce mot de longtemps, parce que l'on voit tout aussitôt la différence qu'il doit y avoir alors entre les empoisonnements, dont M. Guérard va parler, et la formation du carbonate de plomb, dont parlent MM. Blavier et Houyau, car l'eau qui sera distribuée à Angers, ne devra pas séjourner dans des réservoirs en plomb, si ce n'est peut-

(1) Page 51.

(2) Page 75.

être chez les habitants qui prendront des concessions. Dans ce cas, on ne devrait pas être plus inquiets pour l'eau de la Maine que pour celle de la Loire. M. Guérard cite deux observations; dans la première, il s'agissait d'une pompe qui était *en plomb*; dans la deuxième, d'une eau de source éloignée, qui était amenée à l'aide de tuyaux en plomb. On le voit, jusqu'ici aucune ressemblance avec notre système de distribution d'eau. M. Guérard relate ensuite le fait de Claremont, que je ferai connaître; il termine sa relation par ce précepte, qu'il ne faut pas perdre de vue, dit-il, « c'est que dans les réservoirs destinés à conserver l'eau alimen-
» taire, on doit *éviter* d'établir un contact, même médiat, entre le plomb
» et un autre métal, et notamment le fer.

Il est facile de voir que la proportion plus ou moins grande de l'acide carbonique dans l'eau, n'a eu, dans la production de ces cas, aucune influence, c'est à l'action voltaïque seulement qu'il faut les attribuer. La première objection, présentée par MM. Blavier et Houyau, au sujet de la présence de cet acide dans l'eau de la Maine, n'est donc pas admissible. J'examine actuellement la seconde; on l'a vu, elle est basée sur la proportion plus considérable du bi-carbonate de chaux dans les eaux, lequel sel, par suite de *causes nombreuses*, peut se déposer et, laissant libre l'acide carbonique, favoriser la production du sel de plomb. Ces Messieurs admettent ainsi que le bi-carbonate, qui est contenu dans une eau potable, peut se décomposer. Cette hypothèse, toute gratuite de leur part, est formellement contredite par les observations de M. Dupasquier. A l'occasion des dépôts calcaires qui peuvent se manifester dans les tuyaux de conduites, et devenir un obstacle sérieux à la distribution des eaux, M. Dupasquier s'exprime ainsi : « La cause de ce phénomène est bien
» connue aujourd'hui, il a été constaté que les dépôts, dans la généralité
» des cas, étaient exclusivement formés de *carbonate calcaire;* on sait
» aussi que ce sel, à peu près insoluble dans l'eau pure, ne se trouve
» dans les eaux potables *qu'à la faveur d'un excès d'acide carbonique libre*,
» lequel acide le tient en solution. Avec l'eau du Rhône, il n'y a pas à
» craindre que les tuyaux soient amoindris dans leur diamètre intérieur,
» par des incrustations, même après un service d'une longue suite d'an-
» nées. La théorie démontre en effet que les *eaux de rivières* qui ont été
» longtemps battues au contact de l'air, ont perdu une bonne partie de
» leur acide carbonique, et laissé précipiter par conséquent tout le *car-*
» *bonate de chaux qu'elles pouvaient abandonner*. L'acide qui se trouve

» dans *l'eau*, *y est tellement retenu* par la faculté dissolvante ou l'affinité » du liquide, qu'il faudrait, pour le dégager, *une température très élevée.* » Cet acide ne pouvant donc être dégagé à la température ordinaire, *de* » *toute nécessité*, il retient en solution le carbonate qui reste dans l'eau. » J'ajouterai que l'eau du Rhône, dont la composition chimique est de 10 centigrammes de carbonate de chaux est absolument la même pour la proportion de ce sel que celle de l'eau de la Maine, à un milligramme près.

L'opinion de M. Dupasquier prouve, de la manière la plus convaincante, que le bi-carbonate de chaux, qui se trouve dissous dans les *eaux des rivières*, ne peut, par des *causes nombreuses*, être décomposé et laisser libre son acide carbonique dans l'eau, pour y produire du carbonate de plomb. Il n'est pas possible, dit ce savant chimiste, que ce sel soit décomposé, parce que l'acide qui existe dans l'eau, et qui se trouve ainsi combiné au carbonate pour que sa solution soit possible, cet acide y *est tellement retenu*, qu'il faudrait, pour le dégager, *une température très élevée*. Les données théoriques de MM. Blavier et Houyau ne peuvent ainsi se soutenir, en présence des raisons qui ont été si bien développées par M. Dupasquier. Ces données théoriques sont également insuffisantes pour expliquer les faits cités par ces Messieurs : des citernes en plomb de Londres, qui étaient plus rapidement *corrodées* par l'action *des eaux de la Tamise*, que les tuyaux de conduite par où s'écoulent les eaux douces de Farnham, car l'emploi du *système intermittent*, et par conséquent le séjour de l'eau douce de ces citernes à l'air libre, puisqu'elles ne sont pas couvertes, ainsi que je l'ai fait voir, devait favoriser la formation du carbonate de plomb. De plus, comme on l'a vu, ces eaux sont *séléniteuses*.

Il est à présumer, lorsque ces Messieurs ont parlé de la possibilité de la décomposition du bi-carbonate de chaux *par des causes nombreuses*, qu'ils avaient en souvenir l'observation que MM. Henri père et fils ont consignée dans leur excellent Manuel d'analyse chimique des eaux (1) : « Les eaux de sources de cette nature (ils parlent d'eaux incrustantes très » chargées de carbonate calcaire) sont quelquefois réunies pour alimenter » les fontaines des grandes villes, et transportées dans des canaux mé- » talliques ou autres, et le plus souvent dans des tuyaux de plomb. Mais » la surface interne des canaux de plomb, étant toujours recouverte d'une » *couche d'oxide*, on doit penser que le sel acidule peut éprouver une

(1) Page 42.

» décomposition. » (Je ferai remarquer ici que ce sel, qui est en excès dans ces eaux, au point de former des stalactites au sommet de la voûte des terrains qu'elle parcourt, ne peut être assimilée en aucune manière *au carbonate de chaux*, qui est contenu dans les eaux de rivières dont parle M. Dupasquier.) Je continue : « On doit penser, disent MM. Henri, » que le sel acidule peut éprouver une décomposition, parce que l'acide » du sur-sel (bi-carbonate) se porte sur l'oxide, tandis que le carbonate de » chaux se précipitera. » C'est bien là le cas prévu par MM. Blavier et Houyau. Mais ce qu'ils n'avaient pas entrevu et ce qu'ont signalé MM. Henri, « c'est qu'il se formera un enduit intérieur qui, à la vérité, préservera » désormais l'action de l'eau sur le métal. Mais il devient important de » faire cette remarque, parce que, comme cela peut arriver souvent, si, » pour des prises d'eau et des embranchements que les localités rendent » nécessaires, on pique sur la branche principale de nouveaux tuyaux en » plomb, l'effet dont nous avons parlé plus haut se renouvelle, et il est » de nécessité de laisser écouler les premières portions d'eau sans en faire » usage. »

Rien n'est plus clair que cette explication. Il est donc avéré désormais par la science que le carbonate de chaux que contient l'eau de rivières, dissous à la faveur d'un excès d'acide carbonique, ne peut se décomposer, à moins que cette eau ne soit soumise à une *température très élevée ;* ou bien que dans les circonstances où le carbonate de chaux se trouve en quantité très considérable, de manière à ce qu'il puisse produire des incrustations dans le parcours de l'eau qui le contient. Dans ce cas, le sel de plomb, qui est d'abord formé, cesse bientôt de se produire, parce qu'il se fait à l'intérieur des conduites ou des citernes, un dépôt de *carbonate de chaux*, qui les enduit et les préserve à l'avenir de la formation du sel de plomb, qui s'était d'abord manifesté. Il n'est pas douteux pour moi que les chimistes de Londres avaient en mémoire cette observation de MM. Henri père et fils, lorsqu'ils se sont prononcés en faveur des eaux de cette capitale, à cause de la proportion du carbonate de chaux dont elles sont abondamment pourvues. Il est de plus certain pour moi que ces mêmes chimistes, en raison du sulfate de chaux qui se trouve contenu dans l'eau de la Tamise, avaient en vue l'observation suivante du docteur Christison d'Edimbourg : « Le sulfate de chaux, dans la propor- » tion de $\frac{1}{6000}$, donne lieu à la précipitation sur le métal d'une couche so-

» lide de carbonate de plomb, qui *garantit les tuyaux d'une altération*
» *ultérieure.* »

Il ne m'est pas plus difficile d'expliquer de même que le fait de Claremont n'a pas le moindre rapport à la proportion de carbonate de chaux contenue en excès dans les eaux qui alimentent les fontaines du château.

Ce fait est malheureusement choisi par ces Messieurs. On doit se rappeler qu'ils avaient fait remarquer *qu'il était bon de constater en passant* que l'eau qui alimente ce château est une eau de source *très chargée de sels calcaires*, tandis que dans le volume des Archives de médecine qu'ils ont cité, en lisant ce récit, on trouve au contraire que cette eau était *d'une pureté extrême.*

Après avoir donné la relation des symptômes de l'empoisonnement qui a eu lieu au château de Claremont sur plusieurs des membres de la famille d'Orléans en 1849, par suite de l'usage de l'eau qui était distribuée dans ce château, M. Guéneau de Mussy continue (1) : « Quelle est la cause
» qui a altéré si profondément les eaux qui arrivent au château de Clare-
» mont? La source qui fournit cette eau est située à *deux* milles de dis-
» tance, et, depuis trente ans, elle était conduite au château par des
» tuyaux de plomb. Cependant, jusqu'à cette éqoque, elle avait été em-
» ployée par les habitants du château sans inconvénient. Il est vrai que
» l'eau qui arrive au château de Claremont est d'une *pureté extrême.* Or,
» lorsque le château de Claremont fut occupé par ses nouveaux habitants,
» ils trouvèrent que l'eau arrivait par des tuyaux de plomb, depuis une
» citerne naturelle située près de la source jusque dans la citerne de plomb
» qui est dans le palais. Cette citerne naturelle était encombrée par des dé-
» tritus animaux et végétaux. On jugea à propos de la remplacer par un
» cylindre en fer. On adapta à ce cylindre un tuyau de plomb faisant une
» saillie de quelques pouces à l'intérieur, et le cylindre fut fermé par un
» couvercle en fer percé de trous, afin de permettre l'introduction de l'air. »

Il est à peine utile de faire remarquer que les nouvelles dispositions qui avaient été prises, ont placé l'eau de Claremont dans toutes les conditions favorables à la production d'une action voltaïque. Dans ce cas, en effet, le précepte donné par M. Guérard, à savoir : « Que, dans les
» réservoirs destinés à conserver l'eau alimentaire, on doit éviter d'établir
» un contact, même médiat, entre le plomb et un autre métal, et notam-

(1) Page 295.

» ment le fer ; » ce précepte ne trouvait pas sa rigoureuse application. M. Guéneau de Mussy se demande quelle a été l'influence de ce cylindre de fer. « Est-ce l'action de l'air, dit-il, sur l'eau et les sels qu'elle *conte-* » *nait? est-ce la pureté même de l'eau*, résultant de son séjour dans le cy- » lindre de fer et de la filtration qu'elle devait y subir? Autant d'hypo- » thèses auxquelles je ne puis répondre. Mais les faits que j'ai rapportés » me paraissent suffisants pour éveiller l'attention sur le danger d'em- » ployer une eau transportée par des conduites de plomb, *danger qui* » *semble augmenter par la pureté même de l'eau.* » Ces derniers mots ont été soulignés par M. Guéneau de Mussy lui-même, tant il a été frappé de ce phénomène, qui se manifestait dans une eau qui était d'une pureté extrême. Cette opinion, du reste, n'est pas particulière à ce médecin. Elle est fortifiée encore par celle qui se trouve consignée dans le Journal de chimie et pharmacie (1). Les auteurs, examinant le fait de Claremont, font remarquer, à l'occasion de ce fait :

« 1° Que les eaux distillées, condensées dans des serpentins en plomb » ou en alliage, à bas titre, contiennent du plomb ;

» 2° Que les eaux de fleur d'oranger, de roses conservées, dans des » *estagnons* en cuivre étamé avec des alliages de plomb et d'étain, ren- » ferment souvent des sels plombiques en dissolution. »

Ces deux propositions font connaître que les sels de plomb sont formés par des eaux distillées; c'est-à-dire des eaux qui sont de *la plus grande pureté* que l'on puisse rencontrer, puisqu'elles sont dépourvues de sels, pourvu toutefois que les conditions favorables à la formation du sel plombique se trouvent réunies.

Dans le même journal, même page, on lit : « Le docteur Christison, » d'Edimbourg, a publié, dans le Journal des transactions (2), des re- » cherches fort curieuses sur l'action exercée par l'eau, en coulant pen- » dant longtemps dans des tuyaux de plomb. Voici le résumé de ses ob- » servations :

» 1° L'on ne doit pas faire usage de tuyaux de plomb pour conduire » l'eau à une grande distance, avant d'avoir analysé ce liquide ;

» 2° Les eaux *les plus pures* se chargent davantage des sels de plomb ;

» 3° L'eau qui ternit le plomb brillant après plusieurs heures ne doit

(1) Tome 15, année 1849, page 54.

(2) Vol. 15, part. 2.

» être conduite dans des tuyaux de plomb qu'avec certaines précau-
» tions.... ;

» 4° L'eau qui contient moins de $\frac{1}{8000}$ de sels en solution, ne peut tra-
» verser les tuyaux de plomb sans des soins particuliers.

» 5° Cette proportion de sels sera même insuffisante pour prévenir
» l'altération du plomb, à moins que les *carbonates* et les *sulfates* n'en
» forment la plus grande partie. »

On lit encore plus bas : « Le sulfate de chaux, dans la proportion de
» $\frac{1}{5000}$, agit de la même manière, et donne lieu à la précipitation sur le
» métal, d'une *couche solide de carbonate de plomb*, qui *garantit* les tuyaux
» des altérations ultérieures.

» M. Scaulau a remarqué que l'eau distillée, condensée dans un tuyau
» de plomb, contient une quantité notable de carbonate de plomb. »

Le plomb abandonné dans de l'eau distillée au contact de l'air, s'oxide rapidement et donne naissance à de l'hydro-carbonate de plomb blanc et cristallisé ; la présence d'un *sel étranger*, et surtout du *sulfate de chaux*, empêche cette oxidation ; aussi le plomb ne s'oxide-t-il que superficiellement, quand on le plonge dans de l'eau ordinaire, qui contient toujours des sels en dissolution (1).

J'avais donc raison de dire, à l'occasion du fait de Claremont, cité par MM. Blavier et Houyau, que cette citation était malheureusement choisie par eux, puisque de la narration de ce fait, il résulte, au contraire, que l'eau qui provient de la fontaine de ce château, comme ces Messieurs le font remarquer en passant, loin *d'être chargée de sels calcaires*, est remarquable par *sa pureté extrême*, et que ce même fait tend à prouver, de la manière la plus évidente, que les eaux d'une *extrême pureté*, les *eaux distillées*, celles qui sont par conséquent *dépourvues de toutes espèces de sels*, sont essentiellement propres à favoriser la formation des sels de plomb ; qu'il faut alors *surveiller avec soin l'eau qui est transportée par des conduits en plomb*, afin d'éviter le *danger* qu'il y a à se servir de pareils conduits, danger qui semble augmenter *par la pureté même de l'eau*, comme le dit M. Guéneau de Mussy, le médecin cité par MM. Blavier et Houyau. L'exactitude de ces observations importantes est attestée de plus, par les propositions des auteurs du Journal de Pharmacie, et par celles du docteur Christison, qui dit expressément qu'une eau qui ne contient

(1) Frémy et Pelouze, tome 2, page 469.

que $\frac{1}{6000}$ de *sels en solution* ne peut traverser des tuyaux en plomb, sans des soins particuliers, et même que cette proportion serait insuffisante pour prévenir l'altération du plomb, à moins que les *carbonates* et les *sulfates de chaux* n'en forment la plus grande partie; or, l'eau de la Loire est tout-à-fait placée dans ces conditions, indiquées par le docteur Christison. Elle ne contient que 91 à 100 milligrammes de sels, dans lesquels le carbonate de chaux ne compte que pour une très minime proportion, o gr. 16 milligr. Cette eau devrait donc être, non seulement l'objet de *soins particuliers*, mais encore les matières salines qu'elle renferme seraient insuffisantes pour prévenir l'altération du plomb. La composition chimique de l'eau de la Maine la mettrait au contraire très probablement à l'abri d'un aussi grave accident; on se rappelle qu'elle contient o gr. 157 milligr. de sels, et 11 centigr. de *carbonate de chaux :* elle aurait à peine besoin d'être surveillée.

J'ai dû insister sur l'accident qui avait été signalé par MM. Blavier et Houyau, afin de dissiper complétement les craintes que l'on aurait pu concevoir sur la possibilité de la formation d'un sel de plomb, par suite de la composition chimique de l'eau de la Maine ou de la présence d'une proportion d'acide carbonique plus considérable dans cette eau, au moment encore de circonstances tout-à-fait exceptionnelles. J'ai démontré que l'eau de la Loire ne devrait pas inspirer peut-être la même sécurité. Dans cette discussion, j'ai reproduit avec exactitude les reproches qui avaient été adressés à l'eau de la Maine, par MM. Blavier et Houyau, sous le rapport des propriétés physiques et chimiques, et sous celui des gaz qu'elle peut contenir. Je vais considérer maintenant les différents moyens que l'on doit employer pour que nous puissions, Messieurs et collègues, procurer à nos concitoyens une eau toujours claire et agréable. Cet examen formera la seconde partie de ce Mémoire, pour laquelle je réclame encore toute votre attention bienveillante.

DEUXIÈME PARTIE.

CLARIFICATION DE L'EAU.

Les eaux de la Loire et de la Maine ne sont presque jamais dans un état qui puisse permettre de les distribuer telles qu'elles seraient puisées : leur régime habituel est trop variable, les crues subites et fréquentes de la Loire, celles de la Maine, troublent l'eau trop souvent et trop profondément, pour que vous puissiez jamais consentir, Messieurs et collègues, à les délivrer, sans que préalablement elles aient été dépurées. Je suis donc ici tout-à-fait de l'opinion de M. Fourier, lorsqu'il dit à cette occasion : « Malgré l'avis de quelques personnes qui voudraient qu'on se dis- » pensât de cette opération (la clarification), nous croyons que c'est une » obligation, imposée aujourd'hui aux administrations, aussi bien qu'aux » compagnies, de n'approvisionner les grandes villes que d'eau d'une » pureté et d'une clarté parfaites. » On sait ce que je pense de la *pureté parfaite*, il n'est pas besoin d'y revenir.

Il existe plusieurs moyens de restituer à l'eau la limpidité qu'elle doit nécessairement posséder quand on veut en user comme boisson : ces moyens sont le dépôt et la filtration. Le premier est souvent très incomplet, il est d'ailleurs fort long, et, pendant le temps qui serait nécessaire à sa formation, il y aurait des inconvénients de plus d'un genre pour l'eau qui y serait soumise. Fort heureusement, l'eau de nos deux rivières peut être parfaitement dépurée, par le procédé de la filtration, sans que l'on soit obligé de recourir, comme on l'a dit, à un dépôt préalable.

Filtration.

« La théorie de la filtration est des plus simples ; elle se résume dans » le mouvement du liquide, dont la limpidité est altérée, à travers des » conduits assez fins pour arrêter les particules solides tenues en suspen- » sion, mais ne mettant point obstacle au passage du liquide lui-même.

» D'après cette explication sur la manière d'agir d'un filtre, il est évi- » dent qu'au bout d'un certain temps, tout filtre artificiel, surtout, doit » s'obstruer, débiter le liquide en proportion toujours décroissante, et » réclamer enfin un nettoyage ou une réparation. On comprend, d'ail- » leurs, que la durée du service d'un filtre quelconque dépend de son

» étendue, de la masse du liquide à filtrer, et de la quantité de matières » en suspension (1). »

On distingue, comme on le sait, deux espèces de filtrations, l'une qui est naturelle, et qui s'effectue lorsque l'eau traverse le sol lui-même où se trouve située la rivière ou le fleuve; l'autre, artificielle, que l'on pratique à l'aide d'un appareil établi à cet effet.

La filtration naturelle, si l'on pouvait l'obtenir sûrement et de manière à recueillir toujours la même quantité d'eau, dans un temps donné, sans *aucune crainte de diminution* pour l'avenir, et si l'on pouvait assurer que l'eau qui sera reçue dans le filtre naturel sera *aussi pure* que celle de la rivière qui la fournit, serait bien préférable. En effet, les galeries filtrantes étant une fois établies, on n'est plus obligé de faire par la suite aucune dépense, le filtre se nettoyant de lui-même et n'ayant pas besoin d'être renouvelé; mais, pour que ce mode d'épuration puisse réussir, il est indispensable de rencontrer des terrains particuliers et disposés de telle sorte que, jusqu'à ce jour, on a considéré comme étant vraiment providentiels, c'est l'expression du savant ingénieur d'Aubuisson, ceux dans lesquels on a pu creuser jusqu'à ce moment des filtres naturels : aussi les exemples de cette sorte de filtration sont-ils fort rares. On ne cite guère que quelques villes où l'on ait pu l'instituer avec succès : celle de Toulouse, en France, et celle de Perth, en Angleterre. Des essais nombreux que l'on avait faits à Glascow, pour filtrer naturellement les eaux de la Clyde, ont été abandonnés, et l'on a dû en venir à la filtration artificielle, après avoir dépensé inutilement des sommes énormes. On a dit que Vienne était aussi doté d'un filtre naturel : je n'ai aucun renseignement précis à cet égard. Dans plusieurs villes de France, où l'on s'occupait de fontaines publiques, on a songé à l'établissement de filtres naturels, mais on a dû y renoncer, soit parce que le terrain n'était pas convenable à ce mode de filtration, soit parce que l'eau filtrée avait changé de nature, et, bien que parfaitement limpide, était devenue impropre à remplir les usages domestiques. Je citerai en particulier le Rhône. — M. Terme, dans son ouvrage sur les eaux potables, a traité cette question de la manière la plus savante; c'est à lui que j'emprunterai la plus grande partie de ce qui concerne la pureté et la quantité des eaux filtrées.

(1) Guérard, page 21.

L'idée de faire un filtre naturel a été inspirée par l'observation de ce qui se passe dans les puits. « *Il faut convenir*, dit M. Terme (1), que le fonctionnement des puits et des pompes a quelque chose de pratique qui séduit » aussi quand il est question de prendre une fourniture d'eau. La première idée qui se présente à l'esprit, c'est de la puiser au fond d'un » certain nombre de puits ou puisards. La cavité d'un puits peut fournir » de l'eau à 50 à 100 ménages; comparée à celle de 40,000 habitants, » qu'est-ce que la consommation de 100 ménages? Il n'y a donc rien à » conclure du produit d'un puits ou d'une pompe relativement aux mesures à prendre pour la fourniture d'eau à une ville. Dans plus d'une » ville on a payé tribut à cette idée ou plutôt à cette erreur. A Toulouse, » on avait établi près de la Garonne une série de onze puits auxquels on » a été obligé de renoncer. Ils ne donnaient que 60 à 80 pouces d'eau. » On a reconnu que la quantité d'eau fournie par plusieurs puits de différentes dimensions, creusés dans le banc de gravier de la Garonne, » n'était nullement en rapport avec leur surface, et que l'augmentation de » leur produit ne suivait pas exactement l'augmentation de leur étendue » ou de leur nombre. »

Lorsqu'il s'est agi, dit M. Grimaud de Caux, de construire à Vienne, l'aqueduc Ferdinand (2), « pour s'assurer d'avance de la quantité d'eau, » autant que les circonstances le permettaient, on a fait, en guise d'essai, » creuser plusieurs puits sur les bords du Danube, et comme ces puits » n'ont jamais pu être mis à sec, on en a conclu qu'il en serait de même » d'un bassin ou d'une tranchée, et que la seule précaution à prendre, » c'était de donner à la surface filtrante une étendue en rapport avec la » quantité d'eau que l'on voudrait en obtenir. Une idée semblable avait » été émise à Toulouse. Un membre de l'Académie des sciences (Toulouse), M. Magnès, avait pensé, lui aussi, qu'un vaste puits fournirait » une quantité d'eau considérable. Cette opinion lui avait été suggérée, » à lui aussi, par les observations qu'il avait faites sur les produits des puits » de la même localité, produits toujours abondants et limpides. Sur cette » idée on creusa aussi à Toulouse une fosse de $3^{m},10$ de profondeur et de » $14^{m},00$ de long sur $8^{m},00$ de large dans le bas. A l'aide de la vis d'Archimède, ou en épuisait l'eau; on observait ensuite le temps qu'elle » mettait à s'élever à une certaine hauteur, et on en concluait le produit

(1) Page 67.
(2) Page 106.

» de la masse filtrante circonvoisine. Trois expériences analogues por» tèrent les partisans de cette idée à penser qu'on obtiendrait la quan» tité voulue (200 pouces). Mais la commission municipale vit fort bien » qu'il n'y avait que peu de rapport obtenu entre le produit de ces » expériences, où le terrain, tout imprégné d'eau qui entourait l'excava» tion, était comme un réservoir qui les y versait dès sa mise à sec, et le » produit que l'on aurait lorsque ce même terrain, desséché par un écou» lement continu, ne fournirait plus dans le bassin, en un certain temps, » que l'eau qui aurait pu filtrer durant ce temps à travers le massif de » terre qui le séparait de la rivière. »

C'est aussi l'avis du célèbre ingénieur Thom. « Supposons, dit-il, un puits » creusé au milieu d'un banc de sable, l'eau arrivera naturellement pure et » claire, si, avant de traverser cette masse, elle était dans cet état ; si, au » contraire, elle était chargée de sédiments, le produit du *filtre naturel* » formé par le banc de sable devra diminuer tous les jours. Quand cet » effet ne *se fait pas sentir dans nos puits*, cela tient à la *petite quantité* » *consommée*, comparée à celle que le filtre est capable de produire en » raison de l'étendue de la surface filtrante, qui est infiniment grande. »

On le voit, d'après ces différentes opinions qui sont le résultat de l'expérience, il n'y a pas d'analogie entre l'eau provenant d'un ou de plusieurs puits qui sont situés dans le voisinage d'une rivière et qui se tiennent constamment au niveau de cette rivière, et les galeries d'infiltration qui seraient pratiquées pour fournir d'eau une grande cité. Aussi M. Fourier a-t-il commis une erreur lorsque, pour établir la possibilité de filtrer naturellement l'eau de la Loire, il disait : « Tous les puits que nous avons » visités aux Ponts-de-Cé, entre les ponts Bourguignon et Saint-Aubin, » fournissent dans tous les temps des eaux pures et limpides, dont le ni» veau varie avec celui de la Loire. »

Que prouveraient dans ce cas des sondages, même multipliés, qui ne sont autres que des puits artificiels d'un très petit diamètre, momentanément établis? Ils seraient d'une bien faible importance, dans ce cas, et ne pourraient servir à démontrer si l'on pourrait obtenir sûrement la quantité d'eau dont nous aurons besoin chaque jour, celle de 2,000,000 de litres. Mais leur utilité est très grande, au contraire, pour faire reconnaître la nature du terrain où l'on voudrait établir des galeries de filtration, et pour permettre d'examiner la qualité de l'eau qui proviendrait du filtre.

Ainsi l'établissement de puits, ou les sondages que l'on pourrait faire pour savoir si les galeries filtrantes pourront réussir, sont des essais qui ne peuvent être complétement satisfaisants. La construction des galeries est le seul essai praticable, et encore ne pourrait-on se féliciter de la réussite qu'après plusieurs années d'épreuves. C'est du reste ce qui s'est passé à Toulouse et à Perth.

Les galeries souterraines sont, du reste, loin d'avoir des résultats constants. Bien des villes, qui avaient tenté de les établir, ont éprouvé de tristes déceptions et ont été entraînées dans des dépenses très regrettables. Ce qui s'est passé à Glascow en est un exemple frappant, et doit prouver que des galeries filtrantes peuvent, à la vérité, réussir pendant un certain nombre d'années, mais que, presque infailliblement, le produit des eaux qu'elles fournissent doit plus tard diminuer. Ce n'est, on pourrait le dire, que par des circonstances tout exceptionnelles et fortuites, dues à la nature spéciale du terrain, qu'elles ont si bien réussi à Toulouse et à Perth. Il est facile de se rendre compte d'un semblable résultat, qui a été annoncé par tous les hommes spéciaux qui ont écrit sur cet intéressant sujet, et pressenti par M. d'Aubuisson lui-même. « Si, par un malheur, » dit ce savant ingénieur, que rien d'ailleurs ne présage, dont tout, au » contraire, éloigne la crainte, car la rivière, dans son régime actuel, » tend à agrandir plutôt qu'à diminuer le banc d'alluvion qu'elle nous a » donné, et qui nous procure ces avantages ; si enfin ce banc nous était » enlevé, ou si les petits canaux afférents contenus dans cette masse sa- » blonneuse, et qui, en retenant les matières terreuses, causes de la saleté » de l'eau, la livrant entièrement pure, venaient à s'obstruer, ainsi qu'il » arrivait aux clarifications usitées autrefois dans la ville, ou bien si ces » canaux venaient à s'élargir au point de laisser passer quelques filets » d'eau trouble, nos fontaines seraient-elles privées du bienfait des eaux » filtrée? Non. Alors nous aurions recours à une clarification artificielle. »

On le voit par ce passage, M. d'Aubuisson a prévu l'obstruction des couches de sable et de gravier qui servent à la filtration naturelle des eaux de la Garonne. Il ne pouvait pas en être autrement, car, mieux que personne, il connaissait trop bien la manière d'agir du filtre naturel, l'eau ne pouvant sortir limpide de ce filtre qu'après s'être débarrassée des matières impures ou des particules terreuses qu'elle contient. Aussi les personnes qui s'occupent de l'application de cette filtration naturelle aux besoins d'une grande cité, doivent-elles avoir constamment présentes à l'esprit les difficultés qui sont réellement pratiques, bien que suggérées par la théorie, et qui se rencontreront presque toujours dans ce cas.

M. Arago, à l'occasion des mécomptes survenus en Angleterre, au sujet des galeries filtrantes de la Clyde, est venu apporter le poids de sa puissante autorité dans cette importante question. « Ceux qui s'occupent, » dit-il, de la recherche des procédés destinés à l'industrie, peuvent certai- » nement trouver d'excellents guides dans les phénomènes naturels, mais » à la condition expresse qu'ils ne se laisseront pas séduire par des simi- » litudes imparfaites. Telle a été la principale origine des fautes commises » en Ecosse. Certaines sources, se disait-on, coulent uniformément, sans » interruption; depuis des siècles elles donnent la même quantité d'eau » claire. Pourquoi n'en serait-il pas ainsi d'une source artificielle placée » dans des conditions analogues? Mais d'abord est-il certain que ces sources » naturelles, dont on parle tant, n'aient pas éprouvé de diminution? Où » sont même les jaugeages modernes? qui a comparé soigneusement et » chaque année les produits avec la quantité de pluie tombée? D'ailleurs, et » c'est par là surtout que péchait la comparaison des ingénieurs écossais, » dans la source artificielle, la couche filtrante aura toujours une éten- » due circonscrite bornée; pour les eaux de la source naturelle, au con- » traire, la clarification s'opère quelquefois dans des bancs de sable qui » occupent des provinces entières et sur une eau à peine trouble. »

Ces idées, qui sont généralement admises, ne sont point adoptées par MM. Blavier et Houyau. Se fondant sur ce qui se passe à Toulouse et à Perth, contrairement à l'opinion du savant ingénieur Thom sur la filtration naturelle, ils avancent que la filtration naturelle de l'eau de la Loire devra inévitablement réussir, et que le produit se continuera en même qualité et sans interruption pendant un nombre indéterminé d'années. Voici comment ils s'expriment (1) : « ... Sans insister davantage sur cette dis- » cussion purement théorique, nous regardons comme un fait *assuré* » que l'établissement de galeries dans les alluvions de la Loire, à la con- » dition qu'il soit reconnu par les sondages que ces alluvions ne sont pas » *vaseuses*, doit fournir de l'eau parfaitement filtrée, d'une température » sensiblement constante, c'est-à-dire fraîche en été, chaude en hiver, » et dont la *quantité ne diminuera pas*... » Ainsi, pour ces Messieurs, plus d'hésitations, plus de doutes. Ils sont parfaitement rassurés sur les diffi-

(1) Page 21.

cultés qui ont été signalées par ceux qui les ont précédés ; ils n'admettent aucune des raisons qui ont été données par ces hommes aussi distingués par leurs lumières que par leur longue expérience; ils affirment que, pourvu que dans ces alluvions de la Loire, des sondages pratiqués fassent reconnaître que ces alluvions ne sont pas *vaseuses*, ils sont certains de réussir.

Si M. d'Aubuisson avait raisonné de la sorte, Toulouse ne jouirait pas du bienfait qu'elle doit au génie de cet ingénieur si éminent. Placés dans la même position, MM. Blavier et Houyau se seraient tout d'abord refusés à tenter dans cette ville l'établissement d'un filtre naturel, parce que la nature du banc d'alluvion ne se serait pas trouvée dans les conditions qu'ils exigent. Voici, en effet, la réponse que M. Cloostermans, ingénieur des eaux de la ville de Toulouse, a faite, en 1844, à M. l'ingénieur Dumont, qui lui avait écrit pour le prier de répondre à plusieurs questions sur les fontaines de Toulouse; au nombre de ces questions se trouvait celle-ci : Quelle est la nature du terrain à travers lequel l'eau se filtre du lit de la Garonne aux galeries et aux puisards? « Les filtrations s'opèrent » dans un banc d'alluvion déposé par la rivière, et qui est principalement » composé de *gravier et de sable entremêlés souvent de cailloux et en* » *quelques endroits de limon vaseux.* » Cette description du terrain ne peut être infirmée pour son exactitude, puisqu'elle émane de l'ingénieur qui est chargé spécialement du service des fontaines de Toulouse. Elle est consignée dans un mémoire que M. le maire de Toulouse a eu l'extrême obligeance de me faire parvenir, mémoire publié en 1844 et présenté à l'Académie des sciences de Toulouse (1). L'existence par endroits de ce limon vaseux aurait empêché ces Messieurs de procéder à l'établissement du filtre naturel. Il suffirait donc, selon eux, que les alluvions ne fussent *pas vaseuses*, et alors on pourrait facilement, et partout avec certitude de réussir, pratiquer les galeries filtrantes qui seraient nécessaires. Cependant, à Toulouse même, dans ce banc providentiel, comme le dit M. d'Aubuisson, la quantité d'eau étant insuffisante, on a pratiqué jusqu'à *trois filtres*, qui ont donné des *résultats différents*, et cela dans le même banc d'alluvion. « Le mieux est l'ennemi du bien, dit » M. d'Aubuisson. Nous l'éprouvâmes dans cette circonstance. Au lieu de » faire le nouvel appareil (deuxième filtre) semblable au premier, on dit : » celui-ci donne trop peu d'eau, rapprochons-nous de la rivière et nous

(1) Page 14.

» en aurons davantage. Un des hommes de l'art, appelé à cette discus-
» sion, après avoir rappelé combien les puits creusés près de la rivière,
» notamment ceux de Tounis, sont abondants et en eau toujours claire,
» proposa d'en ouvrir plusieurs sur le bord du banc d'alluvion, et de les
» mettre en communication entre eux et avec le château d'eau ; cette idée
» fut adoptée. Les résultats furent peu satisfaisants et ne répondirent pas
» à notre attente : on n'eut pas plus de 60 à 80 pouces d'eau, et *elle fut*
» *médiocre;* on avait traversé une bande de terrain vaseux, et malgré le
» soin qu'on prit de bien luter les tuyaux, malgré le gravier qui y fut mis
» en grande quantité, *un léger goût de vase se communiqua à l'eau;* se
» trouvant trop près de la rivière, elle en conserva trop la température.
» Dans l'été, la température va à plus de 21 degrés, cette haute tempéra-
» ture donne lieu dans l'intérieur du filtre, à une végétation de petites
» plantes aquatiques et chevelues; leurs débris, emportés par le cou-
» rant, sont quelquefois si déliés, que malgré les toiles métalliques em-
» ployées à les retenir, l'eau puisée en de certains moments est chargée de
» petits filaments ou points roussâtres, qui lui donnent un aspect peu
» agréable. Les tuyaux de fonte s'oxident... Ces mauvaises qualités, assez
» sensibles lorsque cette eau est prise isolément, le sont beaucoup moins
» lorqu'elle est mêlée avec celle du premier filtre; mais il n'en est pas
» moins vrai qu'elles altèrent l'excellente qualité de celle-ci. »

Pour remédier à tous ces accidents et se procurer la quantité d'eau nécessaire, on a entrepris la formation d'un troisième filtre.

« Cette fois, dit M. d'Aubuisson, mettant à profit les leçons de l'expé-
» rience, *assez chèrement payées,* on ne se hasarda plus dans de nouveaux
» essais, et l'on résolut de faire le nouvel appareil exactement semblable
» au premier, c'est-à-dire de le baser entièrement sur les mêmes prin-
» cipes.

» La quantité d'eau qu'on a obtenue est à peu près égale à celle des
» deux premiers filtres pris ensemble. — Quant à la qualité, l'eau en est
» parfaitement bonne et limpide *tant que la Garonne reste dans son lit;*
» mais dans les crues, lorsqu'elle déborde et qu'elle recouvre le terrain
» sous lequel sont les excavations, ses eaux y pénètrent, soit par quelque
» fissure encore inaperçue, soit en traversant des terres non suffisamment
» tassées, et elles en sortent un peu *louches.* En temps ordinaire, le seul
» reproche qu'on puisse faire à ce filtre (*le troisième*), ainsi qu'au *pre-*
» *mier,* c'est de n'être pas entièrement exempt, dans son intérieur, d'une

» *végétation souterraine;* les brins de byssus qui s'en détachent, sont sou-
» vent portés par les eaux jusqu'à la cuvette du château d'eau, où il faut
» employer des toiles métalliques pour les retenir. »

Voilà donc ce filtre de Toulouse, dont on vante tant les excellentes qualités, qui fournit, il est vrai, des eaux en abondance et en suffisante quantité, sans qu'elles aient diminué, mais dont la limpidité n'est parfaite qu'à la condition que *la Garonne demeure dans son lit;* sinon l'eau *devient louche ;* et qui, dans les temps ordinaires, n'est pas entièrement exempte dans son intérieur, d'une *végétation souterraine*, dont on ne peut parvenir à débarrasser l'eau qu'en *employant des toiles métalliques.* En lisant des détails aussi précis et donnés avec tant de soin et de conscience, on peut assurément mettre en doute les avantages de cette filtration naturelle que l'on a tant vantée, et qu'on voudrait nous faire acheter au prix de tant de sacrifices pour notre ville. Je ferai remarquer ici les difficultés nombreuses qui se sont présentées lors de l'établissement de ces filtres; dans le même banc d'alluvion, à peu de distance l'un de l'autre, ces filtres ne donnent pas les mêmes résultats, mais ils ont traversé un terrain vaseux, et qui donc peut nous affirmer que nous n'éprouverons pas de semblables mécomptes pour le filtrage de l'eau de la Loire, que vous tentiez d'établir vos filtres aux Ponts-de-Cé, ou que vous les reportiez à 13 kilomètres de notre ville, à la Daguenière, distance énorme et qui présente des inconvénients de plus d'un genre? Mais, du moins, à Perth, où fonctionne un filtre naturel qui procure les eaux du Tay, on n'a pas observé les mêmes altérations de l'eau, elle est toujours limpide; ce fait est incontestable, cependant je ferai observer que cette eau n'est pas susceptible de se conserver, et qu'ainsi, il est bien à présumer qu'elle a déjà acquis une altération qui n'a pas été signalée à cause de sa transparence, car cette eau ne se conserve pas longtemps. A la page 45 de leur Mémoire, MM. Blavier et Houyau, en parlant de l'influence que les matières organiques, tenues en suspension dans l'eau, peuvent avoir sur l'hygiène publique, disent : « Il est incontestable que la filtration la plus par-
» faite ne débarrasse pas complétement cette eau des matières organiqnes
» animales ou végétales qui peuvent ensuite se rassembler sous forme d'un
» dépôt brun et floconneux : c'est un fait que nous avons pu constater d'une
» façon décisive, car nous avions recueilli dans la galerie de filtration, à
» Perth, une eau parfaitement limpide, qui, aujourd'hui, renferme un dé-
» pôt floconneux très caractéristique. » Ainsi, précisément dans les deux

villes où la filtration naturelle est adoptée, *la matière organique s'est développée dans l'eau filtrée.* Incontestablement, un semblable effet n'aurait pas été produit si l'eau avait traversé un filtre artificiel, parce que, dans celui-ci, elle aurait été consommée à mesure qu'elle aurait passé dans le filtre, tandis que dans le filtre naturel, l'eau, séjournant dans les galeries filtrantes, se trouve, comme on le voit, dans des dispositions favorables à la formation de la matière organique.

Dans le travail de MM. Blavier et Houyau, je cherche vainement quels sont les motifs sérieux qui leur ont permis d'affirmer que dans les cas où les sondages des alluvions ne seraient pas vaseux, ils regardent comme un fait assuré l'établissemeut de galeries filtrantes dans la Loire; je me demande qu'elles sont les recherches laborieuses qu'ils ont faites, pour qu'une seule difficulté puisse les arrêter alors, celle de savoir quelle longueur de galerie il faudra établir pour y recueillir une quantité d'eau déterminée. Les savants ingénieurs qui les ont précédés, après des essais longs et difficiles, au milieu des difficultés de toutes sortes, quelles que fussent d'ailleurs leur science et leur longue expérience, ont éprouvé des déceptions; des obstacles que leur profond savoir n'avait pu leur permettre de soupçonner, les ont arrêtés presque à chaque pas. Malgré tous leurs efforts, quoique les fonds ne leur eussent pas manqué, ils n'ont pu cependant réussir, et l'on a été obligé, après des dépenses incroyables, de recourir à la filtration artificielle. Pour que MM. Blavier et Houyau se croient assurés du succès, si les conditions qu'ils ont indiquées existent, il faut donc que les bancs d'alluvion de la Loire soient tout à fait exceptionnels, il faut, tout au moins, qu'on ait reconnu jusqu'à l'évidence leur identité presque parfaite avec celle des alluvions qui ont servi à la construction des galeries filtrantes de Toulouse et de Perth. Ce qui me porte à parler ainsi, c'est que M. Fourier, qui, comme on l'a vu, partage l'opinion de MM. Blavier et Houyau, assure, page 30 de son Mémoire, que « les eaux de la Loire et de la Garonne ont en effet la plus grande » analogie : toutes les deux coulent sur un fond de sable avec une grande » vitesse, et parfaitement pures à l'époque des basses eaux; elles ne sont » altérées, lors des crues, que par des matières qu'elles tiennent en suspension; il existe d'ailleurs, à l'aval du pont Bourguignon, entre la » levée du canal de l'Authion et la Loire, un vaste banc d'alluvion, composé *d'éléments analogues* à ceux qu'on a *rencontrés près de Toulouse.* »

Confiant dans cette assertion si rassurante de notre honorable collègue, je croyais, avant d'avoir étudié complétement la question, qu'effectivement là où il y avait des éléments analogues de terrain, il pouvait y avoir, par suite de l'établissement de semblables travaux, des résultats également aussi satisfaisants; mais à mesure que j'ai fait quelques pas de plus dans la question, j'ai recueilli des observations qui ont diminué mes espérances, et m'ont inspiré des craintes sérieuses. Dans la réponse de M. Houyau au Mémoire de M. Fourier, j'ai vu consignée, par exemple, une opinion qui est diamétralement opposée à celle que je viens de rapporter, sur la nature du banc d'alluvion de la Loire.

A la page 18 de cette réponse, M. Houyau s'exprime ainsi : « Je ne nie » pas la possibilité d'établir des filtres naturels en cet endroit, mais il est » possible aussi qu'ils ne réussissent pas, ou si d'abord on obtient de » l'eau, que plus tard cette eau ne vienne à manquer. Je n'admets pas, » d'ailleurs, que dans cet endroit ou dans les environs, le terrain soit » semblable au banc de gravier, de sable et de cailloux de Toulouse; ce » terrain, au contraire, est composé d'un sable très fin, joint à une » grande quantité d'humus, formant une couche de terre végétale fort » épaisse, qui va probablement jusqu'au banc de schiste qui se montre » au jour, tout près de là, et traverse la Loire à nu. Or, comme je l'ai » déjà dit dans ma précédente note, le sable fin se laisse très difficile- » ment pénétrer par l'eau; c'est même aujourd'hui la matière qu'on em- » ploie pour étancher les canaux qui laissent échapper celles qu'ils con- » tiennent à travers des couches de terrains perméables, et nous voyons » tous les jours que la Loire, qui n'est séparée de la Vallée que par une » simple levée, non-seulement ne traverse pas cette levée, mais que nulle » part on n'y voit monter l'eau de fond, bien que, dans certains mo- » ments, le fleuve excède celui des terres de plusieurs mètres. L'eau lim- » pide qui remplit les puits des Ponts-de-Cé, ne prouve rien en faveur de » l'établissement des filtres, parce que la petite quantité d'eau qu'ils four- » nissent, ne permet pas à celle-ci d'arriver trouble ou de déposer assez » de matières pour boucher tous les pores par où elle s'introduit. »

En présence d'une opinion aussi nettement et formellement motivée, j'ai dû conserver des doutes sur l'analogie de terrain qui avait été signalée par M. Fourier. La dissidence profonde entre ces deux ingénieurs distingués, m'a porté à faire des recherches sur cet important sujet. J'ai appris dès lors qu'il y avait réellement une différence marquée entre le banc d'alluvion de la Garonne et celui de la Loire, que « la composition

» de ce banc, à Toulouse, était principalement formée de gravier et de » sable, entremêlés souvent de gros cailloux, et, en quelques endroits, » d'un limon vaseux, » suivant la description donnée par M. Cloostermans.

J'ai vu de même, par le Mémoire de MM. Blavier et Houyau, que les conditions du banc d'alluvion, à Perth, étaient encore meilleures, car il est composé *de sable fin et de galets assez volumineux*, ce qui fait que, dans cette ville, la galerie de filtration est bien moins étendue qu'elle ne l'est à Toulouse, et fournit dans le même temps donné une plus grande quanitté d'eau; j'en ai conclu naturellement que plus le banc d'alluvion présente de gravier et de *galets volumineux* dans sa composition, plus il doit être favorable à la filtration, et plus aussi il doit se conserver longtemps, sans qu'il se manifeste de diminution dans son produit. Mais en même temps, je me suis demandé, pour la Loire, admettant une partie des assertions de M. Houyau, à savoir que le sable qui compose le banc d'alluvion est du sable fin en beaucoup d'endroits, je me suis, dis-je, demandé si un filtre, établi dans un tel terrain, aurait pour lui toutes les chances de réussite? Ce qui s'est passé à Glascow et dans d'autres lieux, doit faire pressentir le résultat. Il est vrai que MM. Blavier et Houyau, à la page 5 de leur travail, rapportent l'échec éprouvé dans cette ville, à ce que « les galeries de filtration » avaient été creusées dans des *alluvions argileuses* et *légèrement vaseuses*, » telles que peuvent être en effet les alluvions de la Clyde qui, soumise » en ce point à l'action du flux et du reflux de la mer, est presque sans » courant, et chargée de détritus argileux et organiques (1). » Il est vrai que ces Messieurs, pour justifier la préférence qu'ils accordent à la filtration naturelle sur la filtration artificielle, réfutent en deux mots la théorie du célèbre ingénieur Thom, sur l'obstruction des filtres naturels, qu'ils regardent comme impossibles, si ce n'est, disent-ils, dans les cas analogues à celui de Glascow; ils s'étonnent même « qu'on ait pu tenter » l'application des filtres naturels dans une rivière qui, comme la Clyde, » est tout-à-fait stagnante pendant plusieurs heures de la journée, que » c'était s'exposer *à un échec certain*, quelle que soit d'ailleurs la nature » des alluvions, dans lesquelles auront été creusées les galeries de filtration, et *à fortiori*, quand ces alluvions seront, comme dans l'établissement de Dalmanorck, essentiellement *argileuses et vaseuses*. » Cette

(1) Page 19.

opinion sévère, formulée contre les plus grands ingénieurs de la Grande-Bretagne, et qui les taxe presque d'impéritie, puisque, après des essais nombreux et très coûteux, ils n'ont pas su reconnaître ce que deux ingénieurs français ont vu, eux, de suite, à la seule inspection des lieux; à savoir, que ce que l'on désirait obtenir n'était pas possible, puisque la stagnation, pendant plusieurs heures, de l'eau de la Clyde, que les ingénieurs voulaient filtrer, s'opposait au succès de leur opération, et que, de plus, la nature argileuse et vaseuse des alluvions devait les éclairer promptement, et leur faire comprendre sur-le-champ qu'un échec complet était inévitable. Cette opinion m'a beaucoup surpris.

J'ai voulu voir dès lors, par moi-même, quelles étaient les raisons sur lesquelles ces ingénieurs anglais s'étaient fondés pour établir un filtre naturel à la Clyde; pourquoi ils avaient fait si obstinément fausse route, dans cette occasion, lorsque le seul examen un peu attentif des lieux, devait les mettre à l'abri d'un échec qui pouvait compromettre gravement leur réputation, puisque, d'après MM. Blavier et Houyau, il était facile de s'assurer qu'on ne pouvait réussir à filtrer les eaux de cette rivière. Je ne m'expliquais pas bien, comment, après avoir dans ce cas, fait seulement quelques travaux préliminaires sur les lieux, ils n'avaient pas été promptement éclairés, et n'avaient pas sur-le-champ cessé ces travaux si onéreux pour les compagnies qui avaient eu recours à leurs lumières, et qui avaient déjà dépensé des sommes énormes. Voici les documents certains que j'ai recueillis et qui *excusent* ces ingénieurs du reproche qu'ils mériteraient, à plus d'un titre, s'ils avaient opéré légèrement, comme le fait supposer la citation du Mémoire de MM. Blavier et Houyau.

Il existait à Glacow, deux compagnies qui étaient en possession de distribuer les eaux de la Clyde. Après une dépense excessive pour établir des bassins filtrants, dépense que M. l'ingénieur Mallet établit pour la première à 6 ou 700,000 francs qui furent *dépensés en pure perte*, on songea à l'établissement de galeries de filtration. La première de ces compagnies creusa ces galeries le long de la rive gauche de la Clyde, à 15 mètres environ des bords, concentriquement à un coude très prononcé que forme cette rivière, au lieu dit Dalmanorck. « Un ingénieur très dis-
» tingué, dit *M. Thom* (1), établit d'abord des filtres qui ont entièrement
» manqué leur objet. Un autre essai, tenté dans le même but, a échoué. »

(1) Mallet, page 66.

M. Thom ne dit pas pourquoi ces essais ont été infructueux, il ne dit pas si la non-réussite doit être attribuée à la faute de l'ingénieur, ou bien si elle est due à la nature du terrain ; au surplus, il continue (1) : « A la » fin, le célèbre Watt visita les travaux, et conseilla de creuser des gale- » ries le long d'une rive *en sable d'une grande étendue* : on a mis le con- » seil à exécution, on a obtenu une *eau excellente* pendant quelque » temps, mais le produit a baissé par degrés, et à un tel point, que l'on a » été obligé d'y suppléer en tirant l'eau directement à la rivière. » On le voit, le célèbre Watt avait conseillé de creuser les galeries le long d'une rive en sable d'une grande étendue, il n'y a rien là que de très rationnel, le sable était en grande quantité, toutes les conditions désirables se trouvaient réunies, elles étaient toutes favorables, aussi l'on avait réussi. Il n'est nullement ici question de *terrain argileux*, *ni vaseux*, qui se serait opposé à la filtration naturelle, et qui aurait pu faire regretter les travaux que l'on avait faits. Le couseil donné par l'ingénieur fut mis de suite à exécution, et le succès vint légitimer ses prévisions, car une *eau excellente* avait été obtenue pendant quelque temps; néanmoins, le filtre diminua, pour quel motif? parce que le terrain, ou plutôt le sable, le banc d'alluvion différait, pour sa composition, essentiellement, de celui qui sert à filtrer les eaux de Toulouse et de Perth; parce que, suivant M. l'ingénieur Thom, ce filtre devait baisser, et que, d'après ses prédictions, il avait encore baissé lorsqu'on a jugé à propos de le prolonger.

En effet, au moment où cet illustre ingénieur visitait les travaux, il conseilla d'étendre les galeries suivant le système de Watt ; la nature du terrain, qu'il devait dans ce cas parfaitement connaître, ne l'avait pas détourné de l'idée de donner ce conseil à la compagnie; il est vrai qu'il avait reconnu que le *filtre naturel diminuerait graduellement* : mais rien n'avait pu le porter à penser qu'il ne dût pas être essayé, L'exactitude de ses prévisions s'est réalisée. « En effet, dit M. Mallet, nous devons rappeler » que, au moment où nous avons visité Dalmanorck, M. Anderson, ne- » veu, était occupé à prolonger l'existence de ce filtre. »

Ainsi, voilà trois ingénieurs des plus distingués de la Grande-Bretagne, qui, tous les trois, s'occupent d'établir, à Glascow, des galeries filtrantes pour l'eau de la Clyde; qui, tous les trois, font exécuter des travaux importants, et qui ne s'aperçoivent pas que les dépenses qu'ils imposent à

(1) Mallet, page 67.

la compagnie, sont inutiles, parce que la *nature argileuse* et *vaseuse* du terrain, dans lequel ils opèrent, s'oppose à ce qu'ils obtiennent le but qu'ils se proposent d'atteindre. Il est vrai qu'ils n'ont signalé *partout que du sable*, que l'eau qu'ils ont obtenue *était excellente;* malgré cela, à la première inspection du banc d'alluvion, ils auraient dû reconnaître, que la filtration naturelle était impossible, ainsi que MM. Blavier et Houyau ont pu le faire à l'instant même. Mais, peut-être que ces observations doivent être appliquées aux terrains de la rive droite de la Clyde? peut-être, de ce côté, où réside la deuxième compagnie, trouvera-t-on ces inconvénients graves qui ont frappé tout d'abord MM. nos ingénieurs? Voyons donc ce que M. Mallet nous dit encore à ce sujet : « L'établisse-» ment de la deuxième compagnie, *Cramston-Hill*, est situé maintenant » à Dalmanorck (1), non loin de celui qui appartient à la première. » Cette compagnie fit construire des réservoirs de dépôt et un filtre à la suite, puis un troisième réservoir, dans lequel se rendait l'eau filtrée; dans ce cas, le procédé qu'elle suivait était celui de la *filtration artificielle*, mais ce filtre ne fonctionna pas comme on l'espérait. « Le public (2), » servi avec une eau qui n'était pas assez claire, commença à prendre » du dégoût; d'une autre part, de sots préjugés s'élevèrent contre une » eau puisée au bas de la ville, et la compagnie, obligée de changer » d'emplacement, forma de nouveaux établissements à Dalmanorck.

» Là, pour se procurer de l'eau claire, elle commença par creuser des » galeries, à l'instar de celles qui avaient été établies par sa rivale, mais » *sur la rive opposée*, et le malheur voulut que de ce côté, en raison de » la conformation du terrain, qui était un terrain houiller, elle rencon-» trât des eaux qui *n'étaient point potables*. C'est alors qu'un ingénieur an-» glais, *M. John Kart*, proposa de creuser une autre galerie, dans laquelle » il pensait que *l'eau minérale* serait repoussée par la pression de l'eau » de la rivière, et le *succès* couronna cette tentative : mais quelques » membres du Conseil d'administration, au lieu de la faire continuer, » proposèrent un autre procédé, qui fut mis entièrement à exécution. »

On le voit, dans ces deux cas, pour les deux compagnies, *réussite complète d'abord*, puis, diminution du produit filtré; mais la nature du terrain ne s'est nulle part trouvée *ni vaseuse*, *ni argileuse*, ainsi que l'ont

(1) Page 57.
(2) Page 58.

avancé MM. Blavier et Houyau. Dans ce dernier essai seulement, qui a été tenté sur la rive droite, le terrain était dans un point houiller; pour surmonter cet obstacle, on a fait une autre galerie, et l'*on a réussi*. Il n'était donc pas facile de voir immédiatement si l'on aurait un *succès durable*, ou bien si l'on échouerait dans ces tentatives? D'après les résultats de l'expérience, il est donc contestable de soutenir, comme l'ont fait ces Messieurs, « que tenter l'application des filtres naturels dans une rivière » qui, comme la Clyde, est tout-à-fait stagnante pendant plusieurs heures » de la journée, est s'exposer à un *échec certain*, quelle que soit d'ailleurs » la nature des alluvions dans lesquelles auront été creusées les galeries » de filtration, et *à fortiori*, quand ces alluvions seront, comme dans l'établissement de Dalmanorck, essentiellement *argileuses* et *vaseuses*. »

Ce qui précède me permet de dire qu'il est évident que personne ne peut affirmer que, même après des sondages pratiqués avec tout le soin possible et en nombre suffisant, on puisse être certain de réussir pour la filtration naturelle de l'eau de la Loire, quelle que soit d'ailleurs le lieu désigné pour l'établissement des galeries de filtration, que l'on choisisse les Ponts-deCé ou le banc d'alluvion de la Daguenière. Mais en supposant que cette filtration naturelle puisse être parfaitement instituée, en supposant, ce qui est plus que douteux, qu'elle fournisse pour notre ville, dans la première année, les 2,000,000 de litres dont nous avons besoin chaque jour, est-il possible d'affirmer que le produit de cette filtration ne diminuera pas progressivement et qu'on sera aussi heureux qu'à Toulouse et à Perth? Qui peut nous certifier que le sort des deux compagnies de la Clyde, et celui qu'on a éprouvé à Gray (France), ne sera pas le nôtre? Il est impossible, je crois, de donner des assurances positives à cet égard. Peut-on aussi affirmer que *les qualités de l'eau de la Loire ne changeront pas en traversant le filtre?* que *lors des débordements de ce fleuve, la limpidité de l'eau sera toujours la même?* qu'elle n'éprouvera pas, au contraire, ces changements qui existent à Toulouse, lors des débordements de la Garonne? Autant de questions graves, dont la solution n'est pas même indiquée dans le Mémoire de MM. Blavier et Houyau; et pourtant, ces questions sont d'une haute importance. L'eau de la Loire qui sera puisée dans les galeries de filtration, aura-t-elle la même composition chimique que celle de la Loire, d'où elle proviendra filtrée? Sera-t-elle propre également à cuire les légumes, à dissoudre le savon? c'est la question qu'il convient d'examiner en ce moment.

L'analyse chimique de l'eau des puits qui sont alimentés par l'eau des rivières, quand ils sont creusés dans leur voisinage, a fait pressentir aux chimistes que l'eau filtrée naturellement pourrait bien, à son passage par le banc d'alluvion pour arriver aux galeries filtrantes, contracter des qualités différentes de celles dont elle jouissait avant d'être filtrée.

J'ai déjà fait observer que les propriétés physiques de celles de la Garonne étaient modifiées après leur passage dans les galeries d'infiltration; que d'après M. d'Aubuisson lui-même, dans ce même banc d'alluvion, dont toutes les parties, on devait le croire du moins, paraissaient être analogues, les qualités essentielles de l'eau, *le goût*, *la température* et *l'aspect*, avaient été tellement modifiées, que le second filtre avait été abandonné et qu'il était *constamment fermé aujourd'hui*. Ainsi, *les dépenses faites* à l'occasion de ce filtre *avaient été en pure perte*. J'ai fait de même observer que pour les deux autres, l'eau qui en provient est troublée par le produit de *végétations souterraines*, et qu'elle a parfois un *aspect louche*, qui se manifeste au moment des débordements de la Garonne; que l'eau du *filtre naturel* de Perth, conservée dans une bouteille, s'était *manifestement décomposée*, altération due à la présence de la *matière organique;* qu'ainsi, l'eau de la Garonne et celle du Tay, qui était filtrée naturellement, contenait de la *matière organique* en proportion notable, dont la première ne pouvait être en partie débarrassée qu'à l'aide de toiles métalliques. La Loire, si l'on parvenait à filtrer son eau naturellement, serait-elle à l'abri de semblables inconvénients? On ne peut rien dire de précis à cet égard, mais il serait bien à craindre que, par suite de son séjour dans les galeries d'infiltration, elle pût aussi, elle, offrir une végétation de *plantes souterraines*, parce que la filtration qui lui enlèvera la plus grande partie de la matière organique, lui en laissera encore en quantité suffisante pour qu'un semblable accident puisse se produire. Qui pourrait affirmer aussi que, lors des débordements qui arrivent si fréquemment, l'eau qui sera filtrée, n'aura pas un *aspect louche?* L'analyse chimique des eaux de la Garonne et du Tay, n'ayant pas été publiée, on ne peut dire si elles ont éprouvé un changement dans leur composition, par rapport aux sels qu'elles tiennent en dissolution. L'eau de la Loire sera-t-elle modifiée? je puis répondre dès ce moment *d'une manière affirmative*, sans pouvoir dire cependant jusqu'à quel point cette altération pourrait être portée si les galeries projetées étaient construites. Il y a quelques jours, invité, comme membre de la commission des fontaines, à me rendre aux Ponts-de-Cé, pour assister à une opération de sondage, qui avait été pratiquée par M. Blavier, dans le banc d'alluvion où l'on voudrait établir le filtre naturel (1); l'eau provenant de ce sondage a présenté une limpidité qui n'était pas complète, ce qui doit être rapporté peut-être au sondage lui-même; son goût n'offrait rien de désagréable. Essayée par MM. Cadot et Daviers, dans le laboratoire de l'École de Médecine, *elle a présenté un changement dans sa composition chimique.* Ces Messieurs ont opéré de la même manière qu'ils l'avaient fait la première fois pour examiner l'eau de la Loire, filtrée artificiellement, mais ils n'ont, à cette occasion, employé que deux réactifs; dix gouttes d'azotate de baryte, ont été mises dans un verre à éprouvettes, contenant l'eau de la Loire filtrée naturellement, cette eau avait été préalablement acidulée avec de l'acide azotique : *un trouble blanchâtre, presque instantanément produit, a démontré l'existence d'un sulfate en petite proportion, car la solution de savon n'a pas été troublée.* On se rappelle que dans la première expérience, ce réactif, l'azotate de baryte qui est dans ce cas un très puissant réactif, n'avait pas indiqué l'existence d'un *sulfate*, que MM. Bobierre et Moride, de Nantes, et MM. Hectot, Dabit et Fourré, n'avaient également pas indiqué de sulfate pour l'eau de la Loire, dans leur analyse. Du reste, malgré cela, l'eau que l'on a retirée dans cet endroit, à l'aide du sondage, était potable; elle pourrait servir à tous les usages culinaires et hygiéniques. Qu'arriverait-il pour sa composition, si les galeries étaient construites? On ne peut rien dire de positif à ce sujet. Il est bien certain que la présence d'un sulfate est due, dans ce cas, à la filtration naturelle, car, j'ai eu le soin de faire soumettre à l'action du même réactif (l'azotate de baryte), l'eau qui fournit à ce banc d'alluvion, et il n'y a pas eu de *sulfate* indiqué. Ce changement, du reste, n'a rien qui doive nous surprendre, Messieurs et collègues, les chimistes l'ont reconnu presque à chaque fois qu'ils ont analysé les eaux qui ont été filtrées naturellement, dans des puits voisins des rivières ou des fleuves. M. Terme, après avoir examiné les différents systèmes qui pourraient procurer de l'eau à la ville de Lyon, étudie avec soin

(1) Je ferai observer que l'eau qui alimente ce banc d'alluvion est presque à l'état d'eau stagnante; car, vers sa partie inférieure, elle n'a pas d'écoulement possible, il n'y a que la grève : cela a lieu pendant tout le temps que les eaux sont basses. *Ce point serait donc mal choisi* pour établir un filtre naturel.

qu'elle serait l'influence de la filtration naturelle sur la nature des eaux du Rhône; pour lui, d'abord, on doit s'attendre à voir *le produit de la filtration diminuer*, mais on remédierait à cet inconvénient en prolongeant les galeries filtrantes. *La température de l'eau* pourrait bien être modifiée pendant l'été, au moment des fortes chaleurs, comme elle l'est à Toulouse, mais cet inconvénient existerait pour l'eau qui serait prise à la rivière et qui n'aurait pas été filtrée. M. Terme établit en principe que, sous le rapport de leur composition chimique, les eaux des rivières, en général, et celles du Rhône, en particulier, présentent les *qualités d'une bonne eau potable*.

« Mais, comme ces eaux (1) peuvent être plus ou moins troubles, il » faut les clarifier, en les faisant passer au travers de bancs de graviers. » formés à une certaine profondeur, par l'art ou par la nature; il faut » aussi que l'espace qu'elles doivent parcourir, soit aussi étendu que » possible. Eh bien! c'est *précisément dans ce trajet aussi étendu que pos-* » *sible*, que les eaux sont exposées à être *profondément altérées* dans leur » composition chimique, *altération bien autrement fâcheuse que son al-* » *tération physique*. » Ces réflexions, qui sont de la plus grande justesse et qui témoignent de l'extrême sagacité de M. Terme, sont de tout point applicables aux eaux de la Loire qui seraient filtrées naturellement; quant à celles de la Maine, qui le seraient artificiellement, elles ne peuvent les concerner, puisque la filtration devrait être opérée chaque vingt-quatre heures, et son produit être consommé dans le même espace de temps.

La commission de la société de médecine de Lyon, qui s'est beaucoup occupée de l'inconvénient de la filtration souterraine de l'eau du Rhône, fait connaître ainsi son opinion :

» On opérerait (2) cette filtration, dit-elle, en creusant, à une distance » convenable des bords du fleuve, un nombre suffisant de vastes puits à » galerie (galeries filtrantes), dans lesquels l'eau se rendrait en se filtrant à » travers la couche de graviers, de sables et d'autres terrains qui séparent » ces percées. Mais alors ce ne serait plus de l'eau du Rhône qu'on nous » donnerait, ce serait de l'eau de puits ou de pompe. » C'est absolument ce qui se passerait si l'on établissait des filtres naturels pour obtenir l'eau de la Loire. « L'eau du Rhône, ainsi filtrée (disent les commissaires de la

(1) Page 89.
(2) Page 82.

» société de médecine de Lyon) aura-t-elle la pureté de composition » chimique de l'eau de ce fleuve puisée dans le courant? Votre commis- » sion ne peut pas se prononcer sur une chose éventuelle. *Elle ne sait pas » ce que seront des eaux qui n'existent pas.* Elle se borne à vous soumettre » des conjectures qu'on peut déduire des faits analogues. » On ne peut exprimer son opinion avec plus de prudence, de réserve et de loyauté que ne le font ici les commissaires de cette société; ils n'ont pas de préférence : peu leur importe qu'un système soit adopté à l'exclusion de tel ou tel autre. Dans leur impartialité, dans leur sagesse, ils examinent attentivement quels seront les résultats obtenus par le système qui aura été choisi. Peut-on procéder d'une manière plus convenable dans la recherche de la vérité? Je continue l'exposé de leur opinion. « Les eaux du » Rhône, obtenues par infiltration dans le sol, aux pompes de la ville, » qu'on avait signalées *comme excellentes, contiennent une grande quan- » tité de sels insolubles;* dès-lors il nous est permis de concevoir de justes » défiances sur la bonne qualité des eaux qui se rendront à des puisards » en traversant un sol semblable. » Ils citent ensuite avec soin les changements que présentent les eaux de puits creusés à des distances *peu considérables* les uns des autres, changements qui sont déterminés par la nature du terrain que les eaux traversent.

Il m'est permis de dire qu'il en serait de même pour l'eau de la Loire qui serait filtrée naturellement. L'expérience que j'ai fait connaître le démontre d'une manière positive. Où sont les analyses des puits qui sont alimentés par l'eau de la Loire, qui pourraient nous éclairer à cet égard? On ne s'en est pas préoccupé. Aujourd'hui, 6 septembre, j'ai donné à MM. Cadot et Blaviers l'eau d'un puits de M. le Docteur Vétault, des Ponts-de-Cé. Ce puits n'est distant que de 30 mètres à peine de la Loire, qui passe sous le grand pont. Il suit le niveau du fleuve. L'eau a été essayée avec l'azotate de baryte; elle a décélé tout aussitôt la présence d'un sulfate en assez grande quantité pour que la *teinture de savon ait été instantanément troublée, et que le savon ait été rendu grumeleux.* Cette eau est donc *séléniteuse* Il est bien à croire que plusieurs des puits qui sont alimentés par la Loire offriraient les mêmes résultats. On doit être presque certain qu'il en serait de même pour le filtre naturel qui serait pratiqué dans le banc d'alluvion du pont Saint-Aubin, puisque *cette eau a présenté un sulfate dans sa composition, seulement par suite d'un simple sondage.* Que serait-ce donc si les galeries filtrantes étaient creusées? Personne ne peut dire en ce moment quels seraient les changements qui seraient déterminés dans la composition chimique de l'eau de la Loire. Il est ainsi prudent de rester dans le doute, surtout lorsque l'on considère, avec M. Terme, « que cette circonstance du changement (1) dans les propriétés chimiques » n'est point particulière au sol qui borde le Rhône, mais qu'il s'applique » à celui de la plupart des rivières *généralement formées de terrain de transport*, qui sont loin d'être *homogènes*. La qualité des eaux infiltrées dans » ces terrains peut donc varier beaucoup sur *des espaces très circonscrits*. »

Ces considérations doivent être appliquées, *dans toute leur rigueur*, *aux eaux de la Loire*, si, comme le dit positivement M. l'ingénieur Dumont, dans un mémoire publié en 1844, « il existe, sous les graviers qui bordent le Rhône, dans toute l'étendue de sa vallée, des *courants intarissables*, d'une eau toujours fraîche, limpide et pure. Ces courants, qui » composent comme *une autre rivière souterraine*, sont le résultat des filtrations qui s'opèrent dans toute la largeur du lit, et ce sont elles qui » alimentent les puits creusés dans toute l'étendue de la vallée. Ce fait » s'observe sur tous les fleuves qui, comme le *Rhône*, roulent sur un lit » de sable et de gravier... C'est *ainsi que la Loire* perd une partie très appréciable de son volume dans un lit percé de mille fissures. » Malgré cette disposition *merveilleuse* des sables du Rhône, qui serait si favorable à la filtration naturelle, il est à croire que cette opinion aura été envisagée plutôt comme étant le fait d'une théorie fort ingénieuse, que celui d'une pratique acquise. Il est même bien à présumer que les observations de M. Terme, fortifiées encore par celles de M. Dupasquier et de la commission de la société de médecine de Lyon, au sujet de la possibilité de l'altération des eaux du Rhône, qui auraient été filtrées naturellement, auront frappé vivement les membres du conseil municipal, car, depuis la publication de ces documents précieux pour la ville de Lyon, le projet de fontaines publiques n'a pas reçu sa réalisation; on n'a pris aucune résolution concernant cet établissement important. Je viens de recevoir, en effet, de M. le maire de Lyon une lettre à la date du 30 juillet dernier. Dans cette lettre, cet honorable magistrat, M. Vaïsse, conseiller d'Etat, veut bien me fournir les renseignements suivants : « Par la lettre que vous m'avez » fait l'honneur de m'écrire au sujet de la distribution des eaux dans la » ville de Lyon, cette distribution n'est encore *qu'à l'état de projet*; il ne

(1) Page 91.

» m'est pas possible dès lors de répondre aux questions contenues dans » votre lettre. Quant aux publications importantes sur la fourniture des » eaux à Lyon, je n'en connais pas d'autres que celles que vous me rap- » pelez. » Il y a bientôt dix ans que l'opinion de M. Dumont est connue. Si, dans le principe, elle a fait quelque impression, il est plus que probable qu'elle est aujourd'hui entièrement effacée, puisqu'il n'y a pas même eu de commencement d'exécution dans le sens des idées qu'il avait émises.

M. Dupasquier dit aussi lui : « J'ai voulu montrer que, dans ce mode » d'infiltration lente, la qualité de l'eau dépend, comme je l'ai dit, de la » nature du sol qu'elle traverse ; que la composition intérieure d'un ter- » rain de *transport* et *d'alluvion* ne peut être *homogène* ; qu'ainsi, à la » suite d'une première galerie fournissant de *l'eau excellente*, une se- » conde, établie dans les *mêmes conditions*, donnera de l'eau *moins bonne*, » peut-être même tout-à-fait *médiocre*, malgré les soins intelligents ap- » portés à sa construction ; et qu'enfin, en pratiquant avec la même atten- » tion des travaux absolument identiques, on n'est pas sûr d'obtenir des » résultats conformes. »

Que, malgré des travaux si remarquables qui ont coûté à leurs auteurs de si grandes recherches, exigé des expériences si multipliées et si pénibles, faits d'ailleurs par des hommes d'un mérite incontestable, estimés dans la science qu'ils cultivent avec tant d'ardeur ; que malgré, dis-je, ces travaux si recommandables et qui font aujourd'hui autorité parmi les savants, MM. Blavier et Houyau nous affirment que la filtration naturelle, pourvu que les sondages aient fait reconnaître que les alluvions ne *sont pas vaseuses*, cette filtration ne présente à leurs yeux d'autre difficulté que celle de savoir quelle sera la quantité d'eau pour une longueur de galerie donnée. Ces Messieurs me permettront, en présence des difficultés nombreuses et des inconvénients graves que j'ai relatés, de ne pas partager leur sécurité. Je craindrais que leurs prévisions, quelque *rassurantes* et *affirmatives* qu'elles soient d'ailleurs, ne pussent *être déçues*. Ce serait alors pour notre ville, particulièrement sous le rapport financier, une calamité bien regrettable.

Filtration artificielle.

Je vais considérer maintenant les moyens qui ont été employés pour filtrer l'eau artificiellement. L'histoire de ce mode de filtration, pratiqué pour de grandes masses d'eau, nécessaire aux besoins des populations, est de date assez récente; à l'époque où M. Fourier a publié son Mémoire, on ne croyait pas généralement, en France, à la possibilité de cette filtration. L'Académie des sciences elle-même, qui doit être au courant de tout ce qui se fait, et de tout ce qui est découvert d'utile dans le monde savant, ne parlait de ce genre de filtration qu'avec doute; elle en entrevoyait plutôt la possibilité, qu'elle n'était assurée de sa parfaite réalisation. Aussi la brochure publiée par M. l'ingénieur Mallet, dont elle devait avoir connaissance, ne paraissait-elle pas avoir produit une grande influence sur son opinion à cet égard. Il n'est pas étonnant dès lors que MM. Fourier et Morren n'aient pas cru, dans le temps, que la filtration artificielle put être utilement appliquée à l'eau de nos fontaines. En Angleterre, ce moyen de dépuration des eaux est connu déjà depuis un grand nombre d'années; le célèbre ingénieur Thom est l'inventeur d'un filtre qu'il a construit pour filtrer les eaux de Greenock, ce filtre fonctionnait très convenablement et rendait les services qu'on en attendait, à l'époque où M. Mallet fit son voyage dans ce pays, il en a fait connaître les résultats avantageux dans la brochure que j'ai si souvent citée. On trouvera au dossier de nos fontaines publiques, une lettre fort intéressante de M. Thom lui-même. Dans cette lettre, de 1837, qui n'est que la réponse à celle que lui écrivait M. le Maire d'Angers, pour consulter cet ingénieur si renommé, sur le mode de filtration que l'on devrait choisir, M. Thom s'exprimait ainsi : « . . . . . Mon opinion est donc que, » généralement parlant, les *filtres artificiels* doivent être *préférés aux* » *filtres naturels*, parce que, en établissant les premiers, il est facile d'examiner et d'arranger dans le meilleur ordre tous les matériaux employés » dans leur construction, ce qui ne se peut faire quand on se sert de » filtres naturels; les artificiels offrent encore l'avantage d'être facilement » nettoyés. . . . . » Ces raisons, qui sont si faciles à concevoir par ceux-là mêmes qui sont étrangers aux études hydrauliques, ont encore aujourd'hui toute leur valeur, l'expérience en a sanctionné la justesse.

Le filtre inventé par M. Thom, était d'une extrême simplicité, il est toujours usité à Greenock. Dans le temps où M. Thom écrivait sa lettre, ces filtres étaient, dit-il, « *constamment en activité depuis dix ans :* ils ont toujours bien opéré de la même manière, et n'ont jamais rien coûté en réparation; quand ils s'engorgent un peu, le mouvement et la direction de » l'eau sont changés pendant un temps, et, dans quelques heures, ils » produisent la qualité et la quantité d'eau convenue. Ces filtres, bien

» construits, ne *manqueront jamais de produire l'effet désiré, et je n'en ai » jamais établi qui ait manqué.* » Ces résultats si satisfaisants, obtenus toujours les mêmes, pendant une période de dix années, à peu de frais, sans réparations coûteuses, sans qu'on ait été obligé, après cette période, de changer ou de renouveler le filtre, parce qu'il ne pouvait plus fonctionner, mériteraient assurément bien de fixer l'attention des hommes spéciaux; ils étaient dignes de valoir à leur auteur les félicitations des hommes de science, car il avait résolu un problême dont la solution paraissait tout-à-fait impossible avant lui. Néanmoins, malgré des faits aussi concluants, les filtres de M. Thom ne produisirent qu'une bien faible impression en France; aussi, quels que fussent d'ailleurs les éloges que leur avait donné M. Mallet, ils restèrent dans l'oubli. Aujourd'hui la filtration artificielle est un fait acquis à la science, tout le monde en reconnaît la possibilité, personne ne voudrait non plus contester qu'on ne puisse en faire une application avantageuse, pour dépurer les eaux de la Maine et de la Loire. Il est démontré que l'on peut actuellement filtrer d'une manière économique de très grandes masses d'eau, et que les dépenses d'entretien annuel sont à peu près nulles. Seulement, en France, les moyens employés pour dépurer les eaux, diffèrent de ceux qui sont usités chez les Anglais; mais bien qu'ils ne soient pas les mêmes, ils ont parfaitement réussi : le Mémoire de MM. Blavier et Houyau établit cette preuve de la manière la plus convaincante. Nous pouvons donc choisir en ce moment les filtres qui nous paraîtront les moins dispendieux, et donner la préférence aux filtres anglais, ou bien au filtre Souchon, qui est à peu près, pour l'instant, le seul employé en France. Dans le Conseil municipal, on avait élevé, il n'y a pas longtemps encore, des doutes sur la puissance de ce filtre, on avait avancé qu'il ne pourrait filtrer de très grandes quantités d'eau : qu'il ne pourrait ainsi suffire à tous nos besoins. Je me suis informé auprès de M. Soubeiran, pour savoir si ces assertions étaient fondées, et je l'ai consulté sur les avantages et les inconvénients du filtre Souchon, voici qu'elle a été sa réponse : « Il est quelque chose » qui parle plus haut en faveur du filtre Souchon, c'est *l'expérience pra-* » *tique* et l'avis des personnes qui, depuis longtemps, font usage de cet » appareil, qui est appliqué à plusieurs fontaines de Paris. L'École poly- » technique, après avoir fait poser un premier filtre en novembre 1850, » en a fait établir un nouveau l'année d'après; l'intendance militaire at- » teste que l'appareil fonctionne à la grande satisfaction des divers services

» dans les hôpitaux militaires, dans les casernes, dans les camps de Paris » et dans les forts autour de la ville. La Société des eaux d'Arcueil, de » Neuilly et des communes environnantes, déclare qu'elle est parfaite- » ment satisfaite de son emploi. Des établissements considérables, et, en » particulier, celui de M. Bernard, brasseur à Roubaix; celui de M. Mé- » nier, droguiste à Paris, attestent que l'appareil fonctionne depuis long- » temps chez eux, avec grand avantage. La commission n'a pas pensé » qu'il fût nécessaire d'aller rechercher un plus grand nombre d'attesta- » tions, et que celles qu'elle vient à rappeler sont bien suffisantes, dit le » rapporteur, pour entraîner les convictions du Conseil de salubrité, » comme elles ont déterminé les siennes. » Ainsi, désormais, je le pense, personne ne peut plus mettre en doute la possibilité de filtrer à l'aide du filtre Souchon, l'eau qui devra servir à l'alimentation de nos fontaines. Mais un reproche qui ne manquerait pas d'une certaine gravité, *s'il était juste*, a été adressé à ce filtre, par MM. Blavier et Houyau; je dois ne pas le dissimuler, et le présenter tel qu'il a été formulé. Ces Messieurs disent que (1) : « En principe, la filtration, soit naturelle, soit artifi- » cielle, au moyen du sable, doit être considérée comme *supérieure à* » *toute autre méthode;* le sable est une substance inerte, *ne pouvant com-* » *muniquer à l'eau qui traverse* un *élément étranger. Il n'en est pas* » *ainsi* quand on emploie *la laine même tannée*, et *réputée par suite im-* » *putrescible*, comme dans le filtre Souchon perfectionné, ou les éponges, » comme dans celui de M. Henri Fonvielle. Toutefois, eu égard à l'énorme » quantité d'eau qui traverse ces appareils de filtration, et à la quantité » comparativement insignifiante de matières organiques qui peuvent être » entraînées, cette raison ne nous paraît pas devoir motiver suffisam- » ment la préférence à accorder aux filtres de sable. » Ainsi, d'après ces Messieurs, le filtre Souchon qui est réputé imputrescible, laisse passer de la matière organique, qu'il cède à l'eau par suite de sa composition. Il est vrai que l'on s'empresse de reconnaître que cette quantité, étendue dans une si grande masse d'eau, sera insignifiante, mais enfin c'est un inconvénient qui ne serait peut-être pas sans importance, durant les grandes chaleurs de l'été, et pour les personnes surtout qui désireraient, à cette époque, conserver de l'eau pendant plusieurs jours. Cette asser- tion est encore erronée, le filtre Souchon, dans ce cas, n'est pas infé-

(1) Page 18.

rieur au filtre de sable, *il ne cède à l'eau aucune partie de matière organique.* M. Soubeiran, auquel je ne puis trop témoigner toute ma reconnaissance, pour tous les documents précieux qu'il m'a communiqués, m'a transmis un extrait du rapport qu'il a fait en commun avec MM. Boutron et Combes, membres comme lui du Comité de Paris : ce rapport est fait en 1852. « La laine, me dit-il, laisse dans l'eau des ma-» tières organiques qui y sont *en dissolution*, c'est un défaut qu'elle par-» tage avec *tous les filtres* actuellement en usage, et dont il faudra, pen-» dant longtemps encore, prendre son parti. La filtration sur *une épaisse* » *couche de sable, ne serait pas plus propre à les enlever*, et quant au char-» bon, à la manière dont il est introduit dans la construction des filtres, » son efficacité ne serait pas plus grande. » On le voit, ici les différents procédés de filtrage sont rappelés, et leur action sur les matières organiques *en dissolution* dans l'eau, est très justement appréciée. M. Soubeiran continue ainsi : « M. Bussy, professeur de pharmacie à l'École de » Pharmacie de Paris, a vu la laine absorber les gaz fétides d'une eau » hydro-sulfurée; et qu'elle a pu rendre limpides et inodores les eaux à » lavage de la rivière de Bièvre Du reste, les expériences des ingénieurs » anglais, et celles des commissaires de l'Académie de Médecine, ont » prouvé qu'après avoir été filtrée, *par les filtres de laine*, *l'eau a pu être* » *gardée pendant trois mois, sans contracter ni mauvaise odeur, ni saveur* » *étrangère.* Mais la laine elle-même, ne pourrait-elle pas se putréfier et » altérer la qualité de l'eau? Pour qui connaît la lenteur extrême avec » laquelle la laine se décompose, cette chance n'a rien de bien effrayant. » C'est pour rassurer à ce sujet *les esprits les plus timorés*, que la compa-» gnie Souchon est venue proposer de donner à la laine une préparation » destinée à la rendre imputrescible, et sur laquelle le Conseil est appelé » à se prononcer aujourd'hui. »

Ainsi, l'eau se conserve pendant trois mois, sans contracter ni mauvaise odeur, ni saveur étrangère. La *laine ne communique donc à l'eau aucune matière organique, tant minime fût-elle.* Puisqu'elle n'empêche pas l'eau de se conserver pendant un aussi long temps, on ne peut certainement pas désirer davantage.

« Autrefois, dit M. Soubeiran, la laine tontisse, avant d'être appli-» quée à la filtration, était soumise à un simple dégraissage. Aujourd'hui » elle est soumise à un traitement qui a pour objet *de détruire* et d'en-

» traîner les matières végétales qui ont servi à la teindre et de l'enduire » d'une couche de tannate de fer qui la *rend imputrescible.*

» Les délégués du conseil se sont livrés à des expériences pour s'as- » surer de la réalité des résultats. D'abord un filtre suivant le nouveau » système a été établi dans le laboratoire de pharmacie des hôpitaux (1). » Il a fonctionné pendant trois mois fournissant de l'eau en abondance. » Cette eau, employée comme boisson et appliquée aux diverses prépa- » rations, a toujours été fort bonne, même dans le temps où la Seine » était *abondamment chargée de vase.* » Que de soins, que de temps consacrés à des expériences longues et minutieuses avant d'asseoir son jugement, mais aussi quels résultats précieux. Ainsi il est établi, démontré d'une manière évidente et à tous les yeux, qu'une eau qui serait même *chargée de vase*, comme celle de la Seine, serait parfaitement dépurée. Celle de la Maine le sera donc très bien, quel que soit d'ailleurs le régime de cette rivière, dans les temps des grandes eaux comme dans ceux où la Maine est calme.

» Pour juger de la conservation de la laine, dit M. Soubeiran, une » partie de laine a été délayée dans de l'eau de Seine filtrée, de ma- » nière à faire une espèce de pâte très claire; le tout couvert, avec une as- » siette, a été laissé *pendant trois mois dans une chambre, il ne s'y est » pas développé de fermentation. L'eau n'a pas pris de mauvaise odeur.* » Une autre expérience a consisté à mettre dans deux vases de l'eau dis- » tillée, dans l'un une éponge neuve qui avait été battue avec un maillet; » dans l'autre, on a mis de la laine préparée; les deux vases ont été mis dans » une étuve, à la température constante de 20 à 25 degrés. Cette expé- » rience avait pour but, non seulement d'apprécier l'altération qui aurait » pu se produire dans la laine, en des conditions qui réalisaient celle de » la saison chaude, mais encore de comparer sa conservation à celle des » éponges que l'on a fait entrer dans la composition d'un assez grand » nombre de filtres. L'expérience a été mise en train le 15 décembre. Au « 1er janvier, le vase où se trouvait l'éponge répandait déjà une odeur » putride très prononcée, qui a été toujours en augmentant. Le vase où

(1) M. Soubeiran est pharmacien en chef des hôpitaux civils de Paris; directeur de la pharmacie centrale des hôpitaux; professeur à l'École spéciale de pharmacie; membre du Comité de salubrité et de l'Académie impériale de médecine de Paris, etc.

» était la laine n'avait pas d'odeur, et, au bout de deux mois, il en était » encore ainsi.

» Ces expériences offrent toute garantie pour la conservation de la » laine. Cependant, si un filtre était abandonné pendant quelques jours » sans travailler, sans recevoir un courant d'eau continuel, n'arriverait-il » pas que la putréfaction s'y mettrait et que l'eau que l'on y ferait passer » en sortirait avec une odeur et une saveur détestables et pourrait être » impropre à la plupart des usages domestiques? Sans contredit, il en se- » rait ainsi. Tous les débris organiques laissés par l'eau dans le filtre, » les conferves d'ordre inférieur qu'elle entraîne avec les myriades d'ha- » bitants qui y pullulent, y subissent bientôt un mouvement de fermen- » tation putride. Mais ce *n'est pas là un défaut particulier au filtre Sou- » chon, il est celui de tous les filtres qu'on laisse en chômage.* Le moyen » préventif est le même pour tous : ne pas laisser les filtres en chômage » pendant un temps un peu prolongé; et le remède, c'est de nettoyer le » filtre à neuf, si l'on a été forcé d'interrompre la filtration, et de ne re- » cevoir l'eau qui s'écoule que lorsqu'elle commence à passer parfaite- » ment limpide.

» Des faits consignés dans ce rapport, le conseil est amené à conclure » que la préparation donnée à l'eau de la Loire par la compagnie du » filtre Souchon la garantit de toute altération, et que cette amélioration » est un gage de sécurité qui recommande davantage ce filtre à l'adminis- » tration pour la filtration des eaux des fontaines de la ville. »

Je n'ai pas voulu abréger cette intéressante citation, concernant le filtre Souchon, parce qu'elle établit, d'une *manière irrécusable*, que l'on peut avoir pleine et entière confiance dans le fonctionnement de ce filtre. En général, *et je le fais remarquer à dessein, mon travail consiste principalement en de longues et de très nombreuses citations.* Vous comprendrez aisément, Messieurs et Collègues, qu'il n'en pouvait être autrement. Pour réfuter les opinions contradictoires à celle que je soutiens, j'avais besoin de m'appuyer continuellement de l'autorité des hommes qui sont le plus connus dans la science, et dont la *parole fait pour ainsi dire loi* dans de semblables questions. Ce que j'aurais pu tirer de mon propre fonds, eût été, je le sentais, tout-à-fait insuffisant auprès de vous pour combattre toutes les assertions erronées, selon moi, dans une question qui touche si directement à l'avenir de notre cité.

Je puis désormais soutenir que le filtre Souchon ne doit pas être seulement *réputé imputrescible*, *mais qu'il possède bien réellement cette précieuse qualité. Je puis de même affirmer qu'il ne laisse passer aucune partie de matières organiques provenant de la laine*, *quelque insignifiante d'ailleurs que soit cette partie* par rapport à la masse d'eau filtrée. Les expériences de la commission de salubrité de Paris ont fait ressortir cette vérité de la manière la plus convaincante. Il n'y a donc, entre ce filtre et celui qui serait préparé avec le sable, aucune différence. *L'un n'est pas supérieur à l'autre.* Il s'agit de savoir actuellement si l'eau de la Maine et celle de la Loire, étant passée à travers le filtre Souchon pour obtenir sa dépuration, on pourra, dans tous les temps, recueillir pour l'une et pour l'autre, un produit satisfaisant. Dans le cas, en effet, *où la filtration naturelle ne serait pas garantie à la ville*, comme on *devra l'exiger pour la filtration artificielle*, elle doit être nécessairement abandonnée. Quelle est alors celle des deux rivières qui présente le plus de chance pour une bonne filtration?

Dans le temps des basses eaux, la Loire et la Maine n'offriront aucune difficulté pour leur filtration; celle-ci sera complète, et l'eau sera toujours claire, limpide, sans odeur et sans saveur appréciable, soit de l'une, soit de l'autre. Mais, à l'époque des crues, à celle des *soubernes* ou grandes eaux, en sera-t-il de même? C'est ce que je vais examiner. J'ai fait voir que, pendant au moins huit mois de l'année, l'eau de la Loire était troublée; cela résulte de l'opinion de M. l'ingénieur de la navigation à Tours. On s'est livré à Nantes, où l'on s'occupe aussi de créer des fontaines publiques, à des expériences qui ont duré plusieurs mois, afin d'étudier la filtration de l'eau de la Loire à l'aide du filtre Souchon. M. le docteur Bonamy, médecin très instruit de Nantes, m'a écrit plusieurs lettres en réponse à celles que je lui avais adressées, desquelles il résulte que dans les temps de *souberne* ou de grandes eaux, *la Loire ne peut vas être filtrée parfaitement.*

L'appareil établi à Nantes fonctionnait à l'Hôtel-Dieu de cette ville. Il était confié à la surveillance de deux ingénieurs distingués, MM. Wattier et Jégou. Voici ce que me marque M. Bonamy (1) : « Dans les temps de » crue en Loire, le filtre Souchon a besoin d'être nettoyé tous les trois » ou quatre jours; hors les temps de crue, tous les quinze jours environ. » Cette opération est du reste fort simple.

(1) 5 juin 1852.

» L'eau de la dernière crue (1) de la Loire, qui a été très forte et très » prolongée, il est vrai, mais semblable *à beaucoup de nos crues d'automne,* » *d'hiver et de printemps, n'a pu être filtrée* par l'appareil Souchon. Suivant » l'inventeur de l'appareil, l'eau de Loire, dans ces conditions, ne pour- » rait être filtrée *par aucun procédé purement mécanique.*

» M. Wattier a fait analyser à Paris l'eau sortant du filtre Souchon » pendant la crue. On y a trouvé en suspension les mêmes matières que » dans les eaux blanches *de Versailles, réputées infiltrables,* et particuliè- » rement *beaucoup d'alumine très divisée.* »

Au moment des grandes crues de la Loire qui arrivent, comme on le sait, assez fréquemment, les eaux de ce fleuve, si l'on avait recours en totalité ou seulement pour une partie à la filtration artificielle, ne pourraient donc être toujours complétement dépurées. Elles communiqueraient, il est vrai, à l'eau de la Maine cette mauvaise qualité, mais pour quelques jours à peine; tandis que pour l'eau de la Loire, cet inconvénient se présenterait encore assez souvent. Cette observation, Messieurs et Collègues, est d'une haute importance lorsqu'on étudie la question de la filtration artificielle. Vous en apprécierez toute la valeur, quand il s'agira de prendre une résolution définitive sur le choix de l'eau qui devra servir à l'alimentation de nos fontaines. Je la recommande à toute votre attention.

CHAPITRE IV.

DES TUBERCULES FERRUGINEUX QUI PEUVENT SE DÉVELOPPER DANS L'INTÉRIEUR DES CONDUITES EN FONTE.

Je me proposais de terminer là cette discussion déjà bien longue, mais que peut excuser cependant l'intérêt et l'importance d'un aussi vaste sujet, lorsque je me suis vu contraint d'y rentrer de nouveau. A la date du 26 juillet dernier, M. le Maire de Toulouse a bien voulu m'adresser un Mémoire, publié en 1848, par M. Cloostermans, ingénieur des eaux de la ville de Toulouse. Ce Mémoire traite de l'oxidation des tuyaux en fonte, employés comme conduites d'eau, et des moyens propres à prévenir, dans ces tuyaux, le développement des tubercules ferrugineux. Je re-

(1) Lettre du 6 septembre 1852.

grette que MM. nos ingénieurs, qui sont si compétents pour élucider cette question, n'aient pas présenté au Conseil municipal, l'état de la science à ce sujet. Peut-être ne s'en sont-ils pas suffisamment préoccupés? Cette question, on le verra, était digne cependant de fixer au plus haut point l'attention; on comprend facilement que de sa solution dépend l'avenir de nos fontaines.

Déjà, depuis un très grand nombre d'années, on a remarqué qu'il se formait dans l'intérieur des tuyaux en fonte, qui servent à l'alimentation des fontaines publiques, des tubercules ferrugineux. Le trouble profond que de semblables productions doivent apporter dans la distribution des eaux, peut être de suite apprécié; on comprend, en effet, que suivant le volume de ces tubercules, la quantité d'eau devra diminuer d'une manière insensible d'abord, puis, cette diminution, augmentant successivement, pourra être portée jusqu'à l'oblitération complète des tuyaux. Cette crainte n'est malheureusement pas chimérique, ce n'est pas la *théorie* qui a pu l'inspirer, mais l'*expérience*. Dans un très grand nombre de villes, dont vous connaîtrez les noms, des accidents pareils, produits par de semblables tubercules, ont été observés, et sont venus contrarier les heureux résultats qu'on avait jusque-là obtenus; l'explication de ce phénomène, qui avait vivement frappé les ingénieurs de notre pays, ainsi que les savants dont on avait réclamé les lumières, a été cherchée avec ardeur et persévérance : chacun s'en est rendu compte à sa manière, en sorte que l'on peut dire que ce point de la science est encore aujourd'hui en litige. Je vais vous présenter, Messieurs et collègues, une analyse des travaux qui ont été publiés à cette occasion; je vous ferai aussi connaître les moyens qui ont été proposés pour s'opposer à la formation de ces productions ferrugineuses.

Opinion de M. Fourier.

J'examinerai d'abord l'opinion de notre collègue, M. Fourier. Dans son premier travail de 1835, il signale les inquiétudes qui se sont élevées sur l'avenir des constructions du genre de celles qui sont projetées pour notre ville; il annonce que la réduction dans le volume *des eaux*, *a été bien constatée*, que des recherches immédiates, faites à Grenoble, où cet accident a été pour la première fois signalé, ont appris que cette réduction était due à des tubercules ferrugineux; que cet inconvénient n'empêche pas, du reste, l'emploi du fer fondu dans les grandes entreprises de conduites d'eau; que ces incrustations, d'ailleurs, d'après les observations de M. Fournet, doivent être attribués à la *composition même des eaux* qui alimentent les fontaines de Grenoble.

Dans le second rapport, publié en 1836, M. Fourier considère comme étant *empreintes d'exagération* les craintes relatives à l'engorgement des tuyaux en fer. Suivant lui, si l'on avait à redouter « l'engorgement pro» chain des conduites par des tubercules ferrugineux, il serait prudent, » non pas de préférer la Maine à la Loire, mais de renoncer à tout sys» tème de distribution, dans lequel il faudrait recourir à l'emploi de la » fonte. » Il fait connaître la diminution de l'eau distribuée par les conduites de Grenoble, et dit que l'altération des tuyaux était si faible, que la conduite aurait pu durer encore *vingt siècles;* que l'on aurait pu d'ailleurs enlever ces concrétions par le simple grattage, mais que le renouvellement de cette opération, qui serait gênante et dispendieuse, devrait être évité avec soin. Il discute les opinions contradictoires de MM. Fournet et Gras, et se range à l'opinion de ce dernier ingénieur, qui avait reconnu que les tubercules ferrugineux étaient en plus grand nombre au milieu que dans les extrémités de la conduite. Ainsi, dit M. Fourier, « il faut donc renoncer à l'objection tirée de la plus grande longueur » relative des tuyaux de la Loire, et nous voyons, en effet, dans le Mé» moire de M. Vicat, qu'une conduite de 140 mètres de longueur, seule» ment, dans le département de l'Ardèche, avait présenté le même phéno» mène que celle de Grenoble. » Il cite les localités où de semblables productions ont été observées. « On ne peut, dit-il, avoir beaucoup d'inquié» tudes à cet égard, car à Paris, où M. Mary les a signalées, elles sont à » un très faible degré dans les tuyaux qui alimentent en eau de l'Ourcq, » le château d'eau du boulevard de Bondy, à Chaillot, dont la conduite » est placée depuis plus de soixante ans. » Comparant ensuite les eaux de la Garonne avec celles de la Loire, il repousse l'idée de M. Houyau, qui les assimile à celles du Forez qui circule dans les tuyaux des fontaines de Saint-Etienne. « N'est-ce pas, dit-il, donner une bien grande latitude » aux inductions que d'attribuer aux eaux de la Loire, qui coule aux » Ponts-de-Cé, les propriétés des eaux de ces montagnes, parce qu'elle y » prend sa source? » On verra par la suite que la proportion des sels est cependant la même, comme cela résulte de l'analyse chimique.

En résumé, M. Fourier ne pourrait dire si, dans l'état actuel de la science, les concrétions auront plus de tendance à se former dans les conduites des eaux de la Loire ou de la Maine, quoique, dit-il, par leur composition, ces dernières se rapprochent davantage des eaux de Grenoble, qui, par litre, contiennent 110 milligrammes de carbonate de chaux. « Les dangers que nous pourrions redouter sont trop éloignés, » pour avoir une influence sur la détermination du Conseil municipal; » nos conduites seront dans une position plus favorable que celle de Chaillot, *puisque les eaux de la Loire sont plus pures*, et qu'elles entreront » filtrées dans les conduites. Nous ne pouvons donc prévoir l'époque à » laquelle *nos neveux* auraient à supporter la charge que nous leur imposerons, et qui se bornerait à démonter les tuyaux, pour les nettoyer. » Cette dernière phrase exprime la pensée de M. Fourier, et nous fait voir qu'il n'est nullement préoccupé de la possibilité de la formation des tubercules ferrugineux dans les tuyaux de nos fontaines. La pureté des eaux de la Loire est, au surplus, pour notre collègue, un sujet de tranquillité.

Opinion de M. Houyau.

Voici l'opinion de M. Houyau, qui se trouve exprimée à la page 153 de son Mémoire de 1836 : « Une question de grande importance se pré» sente encore, question *de vie ou de mort*, sur laquelle il est bien diffi» cile, quant à présent, de répondre d'une manière satisfaisante : je veux » parler de l'effet produit par les tubercules ferrugineux, observés dans » la grosse conduite d'eau de Grenoble.

» Des observations, faites par M. Fournet, avaient fait penser que cet » inconvénient était dû à la composition particulière des eaux de Gre» noble, mais depuis on a reconnu la présence des tubercules dans beau» coup d'autres conduites » M. Houyau cite les noms de ces conduites; il indique le moyen proposé par MM. Vicat et Gueymard, pour éviter la formation des tubercules, et se demande si ce moyen résistera longtemps au frottement de l'eau? Dans tous les cas, il exigera des frais considérables.

« En présence, dit-il, de ces faits, dont les conséquences peuvent, *en » peu d'années, anéantir un immense travail, et causer la perte d'une somme » considérable*, peut-être y aurait-il imprudence à choisir le cas qui offre » le plus de chances défavorables, ou seulement sous le rapport de la dé» pense et de la *longueur de la conduite*, qui augmente le danger, puisque, » à Grenoble, on a remarqué que l'engorgement était beaucoup plus » grand à la sortie de l'eau qu'à l'entrée. » Cette remarque est diamétralement opposée à celle de M. Fourier, qui dit, comme on l'a vu, que la longueur n'a pas d'influence dans ce cas.

M. Houyau continue ainsi : « Mais encore, le danger serait augmenté à » cause de la qualité même des eaux, car celles de la Loire proviennent » en grande partie de la montagne du Forez, et si, en effet, la nature des » eaux est pour quelque chose dans la production des tubercules, celles » de la Loire possèdent cette propriété au plus haut degré, ainsi que cela » résulte des observations faites à Saint-Etienne et dans les environs. »

M. Houyau redoute tellement l'apparition de ce phénomène dans la conduite d'eau de nos fontaines, qu'il ne propose pas l'application de conduites en fonte, le moyen indiqué pour remédier à cet accident, lui paraissant trop coûteux.

Opinion de MM. Blavier et Houyau.

MM. Blavier et Houyau, examinant dans leur rapport, la question des tubercules ferrugineux, s'expriment de la sorte : « En Angleterre et en » Ecosse, tous les tuyaux de conduite sont en fonte; dans aucune des » conduites, placées déjà depuis un temps très long, on n'a jusqu'ici » mentionné la formation des tubercules ferrugineux; nous avons exa- » miné avec attention d'anciens tuyaux, ayant servi à la distribution des » eaux non filtrées, dans le parc de Saint-James, pendant plusieurs » siècles; il y existe à la vérité des tubercules assez nombreux, mais peu » ferrugineux, et d'une très faible épaisseur, dont la présence n'avait en » rien altéré les qualités de l'eau, ni diminué sensiblement le débit de » ces conduites.

» Il ne nous paraît pas douteux que l'oxidation remarquée dans les » tuyaux de conduites en fonte placés en France, depuis un nombre d'an- » nées très restreint, soit due à une action *électro-chimique*, provenant de la » non-homogénéité du métal employé. La *fonte blanche*, la *plus homogène* » de toutes, doit par suite être adoptée de préférence à toute autre. »

La qualité de la fonte employée en France, est donc, pour MM. Blavier et Houyau, la cause qui favorise la formation des tubercules ferrugineux, c'est à cette qualité que serait due l'action électro-chimique qu'ils signalent; ainsi, pour éviter cet accident, selon eux, il suffira d'avoir recours à la fonte blanche, c'est l'espèce qu'ils proposent pour l'emploi des tuyaux de conduite de l'eau de nos fontaines.

Examinant ensuite les tuyaux Chameroy, qui ont été indiqués comme jouissant des avantages précieux de s'opposer à la formation des concrétions ferrugineuses, MM. Blavier et Houyau rejettent l'emploi de ces tuyaux, qui ont, disent-ils, « été essayés dans l'établissement de Chelséa,

» par M. Simpson, et n'ont pas résisté à une pression de six atmosphères ; » aussi, soit par suite de ces expériences consciencieuses, soit, *peut-être*, » *par esprit de nationalité*, cet habile ingénieur ne les considère-t-il pas » comme avantageusement applicables aux conduites d'eau. »

Je vais exposer maintenant les diverses opinions qui se trouvent consignées dans les Mémoires qu'on a publiés, depuis plusieurs années, sur cet intéressant sujet. On verra si nous devons être tout-à-fait rassurés sur les accidents qui pourraient se manifester plus tard dans les tuyaux de de nos conduites en fonte. Les citations que je ferai successivement, prouveront, au contraire, qu'il *serait de toute prudence de rechercher, avec le plus grand soin, les moyens de prévenir d'aussi funestes accidents.*

Opinion de M. Gueymard.

La ville de Grenoble est celle qui, la première, a fixé l'attention des savants sur la production des tubercules ferrugineux dans les conduites en fonte ; il convient dès lors de faire connaître le travail de M. Gueymard, publié en novembre 1833. Dans ce travail, qui a été imprimé par ordre du Conseil municipal, les membres de ce Conseil « adjurent, au nom de » la science, tous les hommes spéciaux, d'étudier avec eux les faits qu'ils » constatent, afin de parvenir à la découverte des causes qui ont produit » les *désastreux effets* signalés dans ce rapport, et à la connaissance des » moyens qu'il faut employer pour paralyser ces causes. Je joins, dit » M. Gueymard, mes prières aux leurs, et je prends la liberté de recom- » mander à mes collègues dans les villes où les fontaines publiques sont » alimentées par des conduites en fonte de fer, *de faire constater l'état* » *actuel de ces tuyaux* et de signaler les accidents qui y auraient été re- » marqués. »

Un appel, fait en des termes si pressants et si chaleureux, témoigne bien de l'inquiétude extrême dont étaient dominés leurs auteurs, lorsqu'ils ont adressé cette prière instante aux hommes éclairés de tous les pays ; ce n'était pas assurément sans raison, puisqu'ils ont été obligés, *tout récemment, de substituer, à grands frais, une nouvelle conduite à l'ancienne qui était placée*, le volume et la quantité des tubercules qui l'obstruaient, ne permettant plus de compter sur cette conduite. M. Gueymard signale tout d'abord la réduction considérable qui a été observée dans le volume de leurs eaux, et qui a éveillé tout aussitôt l'attention de ceux qui étaient chargés de leur surveillance. Il procède ensuite à la description des concrétions (1) : « L'eau du Rondeau fut distribuée le 26 février 1826 ; au » bout de quelque temps, on crut reconnaître, dans le tuyau vertical, » de petites saillies d'oxide de fer, adhérentes à la surface intérieure ; ces » rugosités grossirent peu à peu, elles forment aujourd'hui des concré- » tions de 10 à 24 millimètres de saillie, et le nombre en est considérable.

» Un jaugeage, pratiqué le 14 septembre, apprit que les 1,431 litres » d'eau étaient réduits à 680 ; on démonta les tuyaux, et l'on reconnut » que les concrétions ferrugineuses tapissaient la conduite. Ces tubercules » sont de grosseurs inégales, leur distribution dans l'intérieur des tuyaux » est très irrégulière, ils ont la forme d'une moitié de poire, dont la » queue serait dirigée vers l'origine de la source. Ils sont isolés ou grou- » pés au nombre de 2, 3, 10, jusqu'à 40 et au-delà. Leur surface est ra- » boteuse ; ils sont noirs, mais au contact de l'air ils deviennent jaunes » en peu de temps ; ils sont composés de couches friables, d'un tissu » lâche et mou, ils se détachent très facilement. Il semble qu'il y en ait » un peu plus vers le bas des tuyaux, moins sur les côtés, et moins » encore dans la partie supérieure. Il n'en existe point à l'extérieur des » tuyaux, il y a seulement une légère couche d'oxide. L'analyse a donné :

» Sable ou silice. . . .	1	34
» Peroxide de fer. . . .	55	80
» Protoxide de fer . . .	8	60
» Perte au feu.	34	»
	99	74

» Il existe dans la ville de Grenoble, des fontaines alimentées par » d'autres sources, prises à la Tronche, sur la rive droite de l'Isère ; la » conduite qui, autrefois, était en plomb, et exigeait de fréquentes répa- » rations, a été changée en 1827, et remplacée par une conduite en » fonte. Ces tuyaux viennent d'être visités intérieurement, et l'existence » des tubercules y a été reconnue.

» Les eaux de la Tronche sont cependant différentes à l'analyse de » celles du Rondeau ; un litre d'eau de la Tronche donne 0,210 milligr. » de résidu, presque exclusivement composé de carbonate de chaux. » Celles du Rondeau donnent 0,110 milligr. de résidu, composé de car-

(1) Page 61.

» bonate de chaux, et d'une plus grande quantité d'hydrochlorate de » soude. »

M. Gueymard fait connaître ensuite la théorie à l'aide de laquelle on peut parvenir à expliquer la formation de ces concrétions. Suivant les expériences auxquelles il s'est livré, l'air contenu dans l'eau n'a pas été décomposé, *il n'a pas cédé une partie de son oxigène* pour contribuer à former les concrétions; l'eau elle-même n'a pas été non plus décomposée, *car on n'y a pas retrouvé d'hydrogène*, à l'aide d'un appareil placé au sommet du château d'eau. Il a donc fallu reconnaître que l'analyse chimique était insuffisante pour expliquer la cause de ce phénomène.

« Le galvanisme paraît jouer un rôle important dans l'oxidation des » tuyaux, cependant une conduite de 140 mètres de longueur, dans le » département de l'Ardèche, assemblée *à brides sans plomb*, vient de » présenter les mêmes concrétions que celles de Grenoble. Dans ce cas, » dit M. Gueymard, il n'y a *pourtant pas eu de pile.* »

Ainsi, l'explication ou la cause de ces tubercules ferrugineux, n'est pas encore trouvée, suivant M. Gueymard.

Dans une lettre, qui porte la date du 20 janvier 1839, M. Gueymard a donné les conclusions suivantes :

1° Les eaux vaseuses et limoneuses ne donnent pas de tubercules.

2° Les eaux qui contiennent 25 centigrammes de sels anhydres et plus, par litre, peuvent donner une incrustation calcaire dans les tuyaux.

3° Les eaux qui contiennent moins que cette quantité de sels, peuvent produire des tubercules ferrugineux.

Opinion de l'Académie des sciences.

Dans le compte-rendu de l'Académie des Sciences, du 16 novembre 1835, on trouve un rapport qui a été fait au sujet de l'examen comparatif des eaux de Bordeaux. Le rapporteur, examinant la question des tubercules ferrugineux, s'exprime ainsi (1) : « Parmi les causes que nous avons » reconnues capables de déterminer la précipitation d'une partie des sels » en dissolution, se rangent l'évaporation, l'abaissement de température » et l'état physique des surfaces en contact avec l'eau (il s'agissait de concrétions calcaires); nous pensons que les mêmes observations sont à » reproduire pour les tubercules ferrugineux, car, quelle que soit la » cause qui détermine la production de l'oxide, il est bien à présumer

(1) Page 548.

» que ce sont de semblables rugosités qui forment les bases de toutes ces » concrétions. L'observation prouve, en effet, qu'elles sont irrégulière- » ment dispersées, de forme tuberculeuse, avec *une queue en amont.* Il y » a donc là aussi une cause mécanique qui vient s'ajouter aux autres, et » il est bien probable qu'elle dépend d'aspérités qui se rencontrent sur le » chemin des molécules flottantes, et forment un point d'arrêt sur lequel » elles viennent graduellement s'accumuler. Tout porte donc à croire que » ces sortes de concrétions se formeraient moins facilement sur des sur- » faces polies. Un autre moyen de les éviter, serait encore de s'opposer à » l'oxidation du métal, en l'imprégnant d'un corps gras, et sous une cer- » taine pression, comme l'a pratiqué M. Juncker. »

Opinion de M. Gras, ingénieur.

Dans les Annales des Ponts-et-Chaussées, année 1835, 1re série, on trouve consignée l'opinion remarquable de M. Gras, au sujet des tubercules ferrugineux. Il se propose dans cette note, de résumer en peu de mots tout ce que l'observation a révélé jusqu'à présent, sur les productions qui obstruent les fontaines de Grenoble (1).

Les premières recherches qui ont été faites pour s'éclairer, ont eu lieu dans les caves du château d'eau ; par l'enlèvement d'un regard, on s'est assuré « qu'un grand nombre de concrétions ferrugineuses tapissaient » l'intérieur des tuyaux, tant dans la partie horizontale de la conduite » que dans la partie verticale, jusqu'à une certaine distance de l'orifice. » Pour reconnaître si l'obstruction était générale, on a pratiqué deux » autres regards, dont un dit des *boiteuses*, à peu près vers le milieu de » la conduite : on a remarqué qu'il y avait moins de tubercules dans les » caves du château d'eau qu'à ce point et à celui de l'autre regard. Il ré- » sulte de là que l'obstruction n'est point répartie uniformément; mais » un trop petit nombre de tuyaux ont été visités, pour qu'on ait pu *dé- » couvrir aucune loi* à ce sujet. L'intérieur de la conduite, examinée à son » origine, n'a offert que peu ou point de concrétions. Il est vrai que cet » examen n'a pu avoir lieu que sur une très petite longueur. »

Ainsi, le milieu surtout, et la fin de la conduite, dans les caves du château d'eau, ont présenté une grande quantité de tubercules; tandis que l'origine n'en a offert que peu ou point. Cette observation tendrait à prouver que la longueur de la conduite n'est pas aussi indifférente à la

(1) Page 118.

formation de ces productions, que l'annonce M. Fourier. Ce qui rend cette opinion plus que probable, c'est la description que, quelques lignes plus bas, M. Gras donne de ces tubercules. « Nous distinguerons, dit-il, » ceux qui se sont formés dans les tuyaux, sous *l'influence de l'eau cou-* » *rante*, des mamelons d'oxide de fer qui ont été remarqués ailleurs; les » premiers sont rangés suivant des *lignes parfaitement droites*, *parallèles* » *à l'axe du tuyau*, et situés à peu près en nombre égal, et à peu près à » la même hauteur, soit à droite, soit à gauche du courant; de sorte » qu'un plan vertical qui couperait la conduite suivant ses arêtes supé- » rieures et inférieures, la partagerait en deux parties symétriques, quant » au nombre et à la disposition des obstructions. Cette symétrie manque » quelquefois, mais on voit qu'une cause générale tendait à la produire, » et que des causes accidentelles ont pu seules la troubler. Les rangées » des tubercules ne sont pas également espacées, elles sont très nom- » breuses et se touchent dans la partie inférieure de la paroi, où elles » forment une croûte continue, large et raboteuse. Elles deviennent » moins serrées en s'élevant, et se trouvent séparées par des zônes de » fonte entièrement lisses, et recouvertes seulement d'une légère couche » d'hydrate de fer, comme en bouillie. »

La composition de ces tubercules est la suivante à l'analyse chimique :

Silice gélaniteuse. . . .	0,036
Soufre.	0,005
Peroxide de fer	0,740
Perte au feu.	0,200
	0,981

Des faits qu'il a relatés dans sa note, M. Gras conclut :

« 1° Que la formation des tubercules *n'est pas causée par une nature* » *particulière de la fonte*, puisque des tuyaux provenant de fonderies dif- » férentes, en ont été également couverts, et que le *fer lui-même n'en a* » *pas été exempt*.

» 2° Que les tubercules ne peuvent pas non plus *être attribués à une* » *action galvanique*, résultant du *contact de la fonte avec le plomb qui* » *entre dans les assemblages compensateurs*, puisque *des tuyaux non as-* » *semblés et des barres de fer tout-à-fait isolées*, ont présenté des con- » crétions analogues à celles qui se sont manifestées dans la conduite.

» 3° Que la présence du soufre en quantité notable, dans les obstruc- » tions, indique que le *mastic d'accum* a contribué à les grossir, *ce qui* » *emporte l'idée d'un transport.*

» 4° Que l'hypothèse qui satisfait le mieux à tous les faits ci-dessus, et » qui donne l'explication la plus simple de la formation des tubercules, » c'est d'admettre que la fonte, *s'étant oxidée par le contact de l'eau aérée,* » s'est recouverte d'une légère couche d'hydrate de fer, que cet hydrate » n'a pas été précisément détaché des tuyaux pour être ensuite déposé » irrégulièrement çà et là; mais qu'il a été poussé, et, en quelque sorte, » *balayé* le long des parois, en obéissant à un double mouvement : l'un, » de haut en bas, causé par la pesanteur, l'autre, horizontal, *dû à l'ac-* » *tion du courant.* On conçoit qu'une aspérité un peu forte de la fonte a » dû devenir un centre, autour duquel se sont groupées et accumulées » les particules d'oxide. Un premier tubercule, dès qu'il a eu atteint une » certaine grosseur, a rompu le fil de l'eau et a été la cause déterminante » de plusieurs autres, qui se sont formés à sa suite et, en quelque sorte, » sous sa protection, *de là, leur alignement si remarquable.* »

Opinion de M. Dupasquier.

Dans son excellent ouvrage sur les eaux, M. Dupasquier s'occupe, aussi lui, de la formation des tubercules ferrugineux dans les tuyaux de conduites. Il relate d'abord l'histoire de ce phénomène, puis il en fait connaître l'explication d'après l'illustre chimiste Payen, explication qu'il adopte. « Diverses théories, dit-il, furent proposées pour expliquer la » formation de ces tubercules; celle de M. Payen reçut l'approbation de » la commission chargée de répondre à la demande de l'autorité munici- » pale de Grenoble. M. Payen prouva, par des expériences directes, que » ces productions *sont le résultat de l'oxidation de la fonte des tuyaux,* » *sous l'influence de courants électriques*, qui, se développant à l'aide de » substances étrangères, *forment les éléments d'une pile;* ce n'est donc » pas, comme on l'avait pensé d'abord, au dépôt de sels calcaires qu'elles » sont dues.

» Le savant M. Becquerel a parfaitement démontré l'existence de cette » théorie, et rappelle aussi le moyen proposé par MM. Vicat et Guey- » mard, pour s'opposer à l'oxidation de la fonte, ou celui de M. Juncker. »

M. Dupasquier cite la réponse qu'il a reçue de M. Gueymard, dans laquelle cet ingénieur lui annonce que les tuyaux préparés par le procédé de M. Vicat et le sien, « sont dans les eaux de la citerne depuis cinq ans.

» et qu'ils sont aujourd'hui dans *le même état que celui où ils se trou-» vaient le premier jour*, ce qui a été constaté en octobre 1839, par une » commission du Conseil municipal de Grenoble. »

Pour M. Dupasquier, la *pureté des eaux* et la *longueur des conduites* ne sont pas étrangères à la production de cet accident. Il invoque à l'appui de son opinion la longueur des conduites en fonte de Grenoble, qui est de 3,220 mètres, et dont la composition chimique des eaux *ne présente pas* 100 *milligr. de substance saline par litre;* de Saint-Etienne, qui a 1,259 mètres de longueur, et *dont les eaux contiennent encore moins de substances salines en dissolution* que celles de Grenoble; de Clermont, dont la conduite en fonte est de 1,570 mètres. Il se résume en disant que le phénomène de la formation de ces concrétions, peut être raisonnablement attribué *à l'absence ou à la petite quantité de sels calcaires dans l'eau,* puisqu'un enduit de chaux hydraulique le prévient.

Opinion de M. Cloostermans

L'ingénieur, chargé du service des eaux de Toulouse, M. Cloostermans, dans un Mémoire, publié en 1848, le 20 décembre, s'exprime ainsi, à l'occasion des productions ferrugineuses : « A Paris, les conduites posées » en 1784, n'offrent sur leurs parois intérieures que de très faibles oxida-» tions; à Grenoble, à Vise, à *Toulouse*, les engorgements ont été si » considérables, *qu'avant peu de temps*, on sera dans la nécessité *de rem-» placer la plupart des conduites en fonte;* c'est déjà ce *qui* **a** *eu lieu en* » 1845, *pour la branche de la Dalbade*, qui, sur une longueur de 498 » mètres, *et après un service seulement de dix-neuf années*, avait vu son » diamètre réduit de 0m,05 à environ 0m02, par l'effet de l'oxidation et » du développement de tubercules de fer hydroxidé; obstruction dont » il avait paru jusqu'à ce jour, *très difficile*, *sinon impossible*, *d'arrêter* » *les progrès*.

» A Paris, les eaux traversent des terrains calcaires; *à Grenoble*, *à Vise*, » *à Toulouse*, au contraire, elles *viennent de terrains primitifs*, et tiennent » en dissolution des sels acides. »

On a appliqué le ciment de MM. Vicat et Gueymard, pour la nouvelle conduite de la Dalbade, *celle qu'on avait été obligé de remplacer.*

« Ce fait, dit M. Cloostermans, ne s'applique pas seulement à la con-» duite de la Dalbade, *mais à toutes celles établies en ville; car, partout* » *où nous avons eu des tuyaux à faire enlever*, ou trancher pour le ser-» vice public qui nous est confié, *nous avons reconnu que ces obstructions*

» *se manifestaient avec plus ou moins d'intensité*, suivant, sans doute, la » qualité de la fonte, la force du courant d'eau dans la conduite, ou la » stagnation du liquide.

» L'examen de l'intérieur du premier tuyau, enduit avec le ciment de » MM. Vicat et Gueymard, nous a fait reconnaître qu'il ne s'y était *mani-* » *festé aucun tubercule*, mais que sur divers points des parois, il existait » des dépôts ferrugineux, principalement dans les parties où l'enduit pré- » sente *peu d'épaisseur*, ou a même *presque entièrement disparu*, par suite » de cette trop faible épaisseur.

» Le deuxième tuyau, enlevé et examiné, a été reconnu *parfaitement* » *intact*, sans tubercule ni dépôt; l'enduit était bien conservé sur tout le » pourtour du tuyau, sans aucune altération. »

De ces expériences, M. Cloostermans est amené à conclure : « 1° Que » l'enduit de sable et de chaux hydraulique se maintient et *ne permet la* » *formation du dépôt* que sur les points où il est d'une *trop faible épais-* » *seur, sans donner lieu cependant à aucun tubercule.*

» 2° Que cet enduit, employé sur une épaisseur d'au moins *deux* milli- » mètres, présentera toutes les *garanties désirables* pour prévenir l'engor- » gement des tuyaux en fonte, alors surtout que l'opération aura été faite » sur toute une conduite. »

A mesure que ces graves accidents ont été connus, les ingénieurs se sont empressés de visiter les conduites dans les villes où quelque diminution s'était manifestée. C'est ainsi que M. Gaudin, ingénieur, a publié, dans les Annales des Ponts-et-Chaussées, 3e série, 1851, page 341, une Note sur les moyens d'enlever les tubercules formés dans l'intérieur de la conduite d'eau de la ville et du port de Cherbourg.

Opinion de M. Gaudin.

« *Les eaux les plus pures*, dit cet ingénieur, *les plus propres aux besoins* » *ordinaires de la vie*, *ne préservent pas même les conduites*, puisqu'il pa- » raît constant que la formation des tubercules est surtout développée par » la présence de très petites quantités de sel marin, et presque toutes les » eaux en contiennent; il n'y aurait ainsi aucun moyen propre *à prévenir* » *cet effet désastreux; un peu plus tôt, un peu plus tard, il devrait néces-* » *sairement se manifester.* Ainsi, dit-il, à Cherbourg, l'huile de lin, com- » primée dans les tuyaux par la presse hydraulique, ne paraît pas préser- » ver nos nouvelles conduites. Des tuyaux, placés *il y a tout au plus trois*

» *ans*, présentent déjà des tubercules, dont quelques-uns atteignent 4 à » 5 millimètres de relief. La fonte est douce et grise.

» On n'a pas expérimenté à Cherbourg, les enduits en ciment ou en » mortier hydraulique, de même que les couches bitumineuses qui peu- » vent s'appliquer facilement par l'immersion de ces tuyaux dans des » bains chauds de ces matières. » Dans cet état d'incertitude sur l'efficacité des moyens préventifs proposés; M. Gaudin pense que ce qu'il y a de mieux à faire est de « nettoyer les conduites existantes, dont la dépense » fût, dans un rapport, faible avec celle qu'exigerait un *remaniement* » *complet; c'est ce qui a été fait à Cherbourg.*

» Les eaux qui alimentent la ville de Cherbourg, proviennent d'une » dérivation de la Divette, et sont amenées après une première filtration » jusqu'à l'entrée de Cherbourg, jusque dans un petit réservoir, à la sor- » tie duquel elles entrent dans une conduite en fonte, traversant la ville; » sur cette conduite-mère, il y a des prises d'eau pour les différents » quartiers. De la ville, la conduite se rend dans le port militaire, et » aboutit à un vaste réservoir d'une capacité de 8,000 tonneaux. Dans le » cas où des réparations seraient à effectuer sur la conduite, le réservoir » devient ainsi lui-même propre à fournir de l'eau au port militaire et à » toute la portion de la ville, située en aval de la réparation. — La con- » duite principale est divisée en deux parties. La première, *en fonte* » *blanche*, a été construite de 1836 à 1838, et a un développement d'en- » viron 2,426 mètres; la seconde, *en fonte grise*, est mise tout récem- » ment.

» La conduite posée de 1836 à 1838, *était partout tapissée de tuber-* » *cules*, qui, dans certains endroits, n'avaient pas moins de *quatre à cinq* » *centimètres* de relief, de leur base à leur sommet; de telle sorte que la » conduite de 18 centimètres de diamètre, avait son débouché *réduit à* » *moins d'un tiers* de sa section primitive. Aussi cette diminution d'orifice » d'écoulement, jointe aux pertes énormes de pression, résultant des » frottements contre la surface rugueuse des tuyaux, avait-elle eu pour » effet de *priver d'eau plusieurs ateliers situés à l'extrémité de la conduite,* » *d'interdire l'usage simultané de toutes les fontaines*, et de rendre impos- » sible, ou du moins très lente, *l'alimentation complète* du grand réservoir » de 8,000 tonneaux du nouvel arsenal. » *Tout cela produit en deux ans au plus !...*

M. Gaudin donne ensuite la description des tubercules ; il indique après leur nature. A l'analyse, ils ont donné :

Peroxide de fer. . . .	96 à 98
Silice et alumine (argile).	4 à 2
Chlorure de sodium. .	traces.
Sulfate de fer	traces.

Il fait connaître que les eaux de la Divette sont telles à l'analyse qu'on ne peut *guère en trouver de plus pures*.

Il présente l'analyse des concrétions, et conclut en disant que l'on peut « sensiblement regarder tout le fer des tubercules comme provenant d'une » altération des tuyaux, *quelle que soit la nature de la fonte*, *qu'elle soit* » *blanche ou grise* ; mais cette altération est bien minime, dit-il, et offre ce » résultat rassurant que l'œil ne peut apercevoir, après une douzaine » d'années de service, *une diminution sensible d'épaisseur*. » Il donne enfin la description des travaux qui ont été faits pour le nettoyage de la conduite de la Divette, et fait connaître le prix auquel s'élève le nettoyage d'un mètre courant pour une première fois, qui est de *trois fr. vingt-trois cent.* ; « celui d'un nettoyage ultérieur sera beaucoup moindre. »

Enfin M. le Maire de Grenoble, à la date du 22 octobre 1852, écrit à son collègue, M. le Maire d'Angers :

« Les fontaines de Grenoble sont établies *depuis vingt-cinq ans à peine*, » les tubercules ferrugineux qui avaient paru d'abord demeurer station- » naires, se sont successivement accrus dans des proportions tellement » considérables, que les fontaines qui, dans l'origine, débitaient environ » 1,450 litres par minute, n'en donnent plus à peine que *le quart*, et se- » ront bientôt *éteintes complètement*, *l'engorgement total* des tuyaux devant » *nécessairement arriver*.

» Dans cette position, la ville de Grenoble a dû *entreprendre la cons-* » *truction d'une conduite nouvelle*. Cette *conduite est entièrement établie en* » *ciment hydraulique de Grenoble* ; matière qui, à l'avantage d'un durcis- » sement tel qu'elle résiste aux plus fortes pressions, joint celui d'un » prix de beaucoup inférieur à toutes les autres matières qui peuvent ser- » vir à de pareils usages. »

Les nombreux documents que je viens de vous présenter, Messieurs et collègues, sont d'un haut intérêt, ils témoignent du soin extrême avec lequel ce phénomène si remarquable a été étudié par les savants. La formation des tubercules ferrugineux, observée déjà depuis un très grand nombre d'années, a excité la sollicitude éclairée de tous les hommes qui s'occupent de l'établissement de fontaines publiques. La fréquence de cet accident si redoutable, ne permet pas de rester dans une parfaite sécurité, au sujet de la possibilité de son apparition. Vous avez vu que ces productions s'étaient manifestées dans des tuyaux de conduite, dont on n'avait pas parlé jusqu'à ce moment; qu'il fallait ainsi ajouter chaque jour de nouveaux accidents à ceux qui nous étaient déjà connus. Malheureusement, il est bien à craindre qu'un grand nombre d'autres ne viennent à se révéler par la suite. Ainsi, *Toulouse*, *Cherbourg*, qui paraissaient à l'abri de semblables concrétions dans leurs conduites, ont été aujourd'hui *obligées de remplacer une partie notable de leurs tuyaux en fonte*, *ou de les nettoyer;* d'autres villes s'empressent d'adopter le moyen proposé par MM. Vicat et Gueymard, ou même, effrayées des conséquences qui résulteraient pour l'avenir de leurs fontaines de la production des tubercules ferrugineux, elles rejettent totalement l'emploi de la fonte, et se prononcent, comme nous le verrons, pour l'emploi des tuyaux Chameroy. Partout, ce phénomène inspire de justes alarmes; on est moins rassuré, on le voit, que ne le sont MM. nos ingénieurs, dans les rapports qu'ils nous ont présentés.

Ces travaux remarquables dont je viens de vous citer les extraits, que j'ai abrégés autant qu'il m'a été possible de le faire, sont de nature à vous faire réfléchir bien sérieusement sur la décision que vous prendrez dans cette circonstance; il m'est permis dès à présent, je crois, d'en déduire des conséquences dont l'utilité ne pourra être contestée. Ces conséquences résultent naturellement des faits qui ont été observés par les différentes personnes qui ont traité cette question. Pour tous, en effet, soit ingénieurs, soit chimistes, les tuyaux en fonte *sont les seuls* dans lesquels des tubercules ferrugineux puissent se développer, *leur apparition* peut se manifester *très rapidement* dans les tuyaux de conduite. Le temps est variable depuis *deux années seulement*, jusqu'à *vingt et davantage*. La *nature de la fonte*, *qu'elle soit blanche ou qu'elle soit grise*, qu'on la fasse venir d'une fabrique ou d'une autre, *ne peut la mettre à l'abri* d'un semblable phénomène. Nous ne pouvons donc à cet égard être aussi rassurés que le sont MM. les ingénieurs Blavier et Houyau, qui proposent l'emploi de la *fonte blanche*, *comme moyen de préservation*, parce qu'elle est la plus homogène de toutes, et que dans aucune des conduites placées depuis un temps déjà très long, en Angleterre, on n'a pas jusqu'ici mentionné la formation de tubercules ferrugineux. L'exemple de ce qui s'est passé à Cherbourg, *prouve que cette assertion n'est pas soutenable;* vous vous souvenez, en effet, que dans cette ville, la conduite en *fonte blanche*, placée de 1836 à 1838, a été partout tapissée de tubercules ferrugineux, *dans un très court espace de temps.* Aussi d'après M. l'ingénieur Gaudin, *un peu plus tôt, un peu plus tard, les tubercules devraient* NÉCESSAIREMENT *se manifester dans l'intérieur des conduites.*

M. l'ingénieur Gras dit lui-même, comme on l'a vu, que « la formation des tubercules n'est pas causée par une nature particulière de la fonte, puisque des tuyaux provenant de fonderies différentes, en ont été *également couverts, et que le fer lui-même n'en a pas été exempt.* »

La cause de cet accident n'est pas connue d'une manière certaine. Les hommes les plus instruits se sont livrés à des études assidues pour la découvrir. Chacun se plaçant au point de vue des remarques qu'il avait faites, l'a envisagée d'une manière différente; presque tous, néanmoins, reconnaissent dans la manifestation de ce phénomène, une action *électro-chimique*, mais cette action ne peut servir à l'expliquer, dans tous les cas. Les faits cités par MM. Gueymard et Gras, démontrent positivement qu'elle ne pouvait alors exercer aucune influence sur le développement des tubercules ferrugineux, puisqu'il n'y avait pas de pile dans le fait cité par M. Gueymard, et que dans celui invoqué par M. Gras, *les tubercules se sont développés dans des tuyaux non assemblés*, ou *même sur des tiges de fer,* ainsi qu'on peut le voir en lisant son excellent travail. Vous vous rappelez que, selon ce savant ingénieur, ces productions sont déterminées par le *contact de l'eau aérée*, et leur développement est favorisé *par le mastic d'accum* qui les *a évidemment grossis.*

M. Cloostermans croit que la nature des terrains traversés, peut rendre compte de leur développement; qu'ils ne paraissent pas dans les terrains calcaires, et que c'est la raison pour laquelle on ne les observe pas en Angleterre. Au contraire, M. l'ingénieur Gaudin les attribue au sel marin, que toutes les eaux contiennent en proportion plus ou moins notable en dissolution.

S'il fallait prendre un parti, et se prononcer dans une question aussi difficile à résoudre, je n'adopterais *exclusivement* aucune des causes attribuées par ces Messieurs, à la formation de ces concrétions.

Je tiendrais compte de l'action galvanique, et je ne rejetterais pas les opinions de MM. Gras, Cloostermans et Gaudin, celle de M. Gras, surtout, qui ne peut pas être réfutée.

La disposition de ces tubercules dans les tuyaux de conduite, prouve d'une manière évidente que leur développement, ainsi que le dit M. Gras, *est sous l'influence de l'eau qui circule dans les conduites.* La description exacte qui en a été donnée, en est une preuve certaine ; il y a donc lieu de présumer, ainsi que l'ont remarqué, à juste raison, M. Gueymard, M. Houyau et M. Dupasquier, que la longueur de la conduite ne serait pas indifférente à leur production, comme l'affirme M. Fourier; et, d'ailleurs, on a vu que M. Gras et l'Académie des Sciences, ont très bien indiqué que des inégalités qui peuvent se rencontrer sur le trajet de la fonte, soit au milieu, soit à la fin, ont été la cause première qui a favorisé le dépôt de l'oxide de fer, mais que plus tard, et de proche en proche, ce premier obstacle a suffi pour donner lieu à la disposition parallèle, si remarquablement décrite par M. Gras, et qui s'est *produite sous l'influence de l'eau courante.*

La composition chimique des eaux n'est pas étrangère non plus à l'apparition de ce phénomène; vous savez, en effet, que les eaux de Grenoble, de Saint-Chamond, de Toulouse, de Cherbourg, sont *remarquables par leur extrême pureté*, elles ne *contiennent qu'une minime quantité de sels*, et même, suivant M. Dupasquier, il n'y a dans ces eaux, qu'une *très petite quantité de sels calcaires*, ou même *absence complète.* Ces résultats, signalés d'une manière presque unanime, au sujet de la nature des eaux, qui, plus elles sont pures et plus aussi elles paraissent placées dans des conditions favorables au développement des tubercules ferrugineux, n'auront pas échappé à votre sagacité; vous aurez été frappés comme moi, de l'analogie des eaux de la Loire avec celles dont je vous ai fait connaître la composition chimique.

Dans l'état actuel de la science, il est donc impossible de dire, si nous employons la fonte pour la confection des tuyaux, que nous ne sommes pas menacés d'un aussi grave accident. Il serait *presque même possible d'affirmer* que, dans un nombre d'années variable, mais qui peut être malheureusement assez rapproché de nous, la ville d'Angers sera forcée de renouveler une partie importante des tuyaux de conduite de ses fontaines, ou bien, il faudra qu'elle procède à leur nettoyement. Dans ce dernier cas, le chiffre de la dépense qu'il conviendrait de faire, serait d'autant plus élevé que la conduite aurait plus de longueur, et serait au moins de 3 fr. par mètre courant, l'opération effectuée à Cherbourg ayant coûté 3 fr. 23 c. par mètre courant, pourrait d'ici là éprouver une diminution. Notre budget municipal serait ainsi grevé dans l'avenir, pour réparations seulement des tuyaux, d'une somme considérable, surtout si l'on allait chercher l'eau jusqu'à la Daguenière.

Dans la prévision du développement des tubercules ferrugineux, il est prudent d'examiner les moyens qui pourraient prévenir un accident si désastreux. Ceux que la science a conseillés, consistent dans l'emploi premièrement de l'huile de lin. Il ne faudrait pas compter sur l'efficacité de ce moyen, puisqu'il vient d'échouer à Cherbourg.

On pourrait, en second lieu peut-être, adopter le préservatif que MM. Vicat et Gueymard ont découvert, et dont ils ont fait une si heureuse application qui date déjà de dix années; mais à cause de l'épaisseur assez considérable de la couche de ciment, qui est nécessaire pour préserver les tuyaux, les frais que nécessiterait cette opération préliminaire seraient très élevés.

Depuis quelques années, on a recours, en France, aux tuyaux Chameroy, ils semblent même prendre faveur en ce moment, et les ingénieurs les plus distingués de Paris et de plusieurs villes de France, en recommandent l'usage aux différentes administrations municipales.

L'expérience paraît avoir démontré leur utilité. MM. Blavier et Houyau rejettent l'emploi de ces tuyaux, qui ne peuvent, selon eux, supporter la pression de six atmosphères; ils s'appuient sur l'observation de M. l'ingénieur anglais Simpson, dont l'opinion est contraire à l'usage des tuyaux Chameroy. Il est vrai que ces Messieurs ne peuvent assurer si c'est par *suite d'expériences consciencieuses*, ou *par esprit de nationalité*, qu'ils ont été définitivement rejetés par M. Simpson. Il eût été cependant bien important pour notre ville que ces Messieurs eussent pris des renseignements précis à cet égard, la dépense que nous aurions à faire si l'on pouvait adopter les tuyaux Chameroy, étant moitié moins élevée que celle qui serait nécessaire pour les tuyaux en fonte; en s'occupant sérieusement de cette question, ils auraient rendu à notre ville un véritable service.

L'opinion de MM. les ingénieurs français n'est pas défavorable, d'ailleurs, à l'adoption de ces tuyaux. A Tours, M. l'ingénieur Cormier, dans un entretien que j'ai déjà rappelé, a eu l'obligeance de me dire qu'il avait vu à Paris, avec plusieurs ingénieurs de ses amis, des tuyaux Chameroy, qui, au bout de neuf années de service, *étaient parfaitement intacts;* il m'a affirmé qu'à Paris, en général, MM. les ingénieurs des ponts-et-chaussées appréciaient beaucoup ces tuyaux, et *les préféraient même à ceux en fonte.*

M. l'ingénieur Holcroff, chargé spécialement par la ville de Tours d'exécuter ses fontaines publiques, donne la préférence aux tuyaux Chameroy. — Dans son rapport, il dit que « ces tuyaux sont supérieurs à » ceux en fonte, ils offrent au moins autant de résistance à la pression in- » térieure de la colonne d'eau, et par suite de *leur flexibilité, ils supportent* » *mieux tout mouvement dans le sol qui les couvre*, l'asphalte qui les en- » toure étant un excellent conducteur du calorique. Toutes choses égales » d'ailleurs, une canalisation en tuyaux Chameroy peut distribuer *un vo-* » *lume d'eau d'un cinquième plus grand* que ne le pourrait faire une canali- » sation en fonte, par suite du poli de la surface du bitume et de la con- » nexion avec laquelle les joints à vis réunissent les tuyaux qui ne se » laissent point attaquer par l'eau, et qui n'altèrent en rien la pureté du » fluide. Une dernière considération, c'est que la différence pour l'établis- » sement d'un réseau pareil à celui proposé, serait presque de moitié plus » grande si on employait la fonte, au lieu de le confectionner en tôle et » en bitume. — Enfin, pour ne laisser aucun doute sur la supériorité de » leurs tuyaux, MM. Chameroy et Cie offrent de prendre à leurs charges, » risques et périls, l'entretien de la tuyauderie, pendant dix années, à » raison de cinq centimes par mètre courant et par année, c'est-à-dire à » un prix très inférieur à celui auquel est adjugé l'entretien du vaste ré- » seau de conduites en fonte de la capitale. » Un avis favorable a été donné à Paris, par une commission composée d'inspecteurs divisionnaires des ponts-et-chaussées, auxquels le projet de M. Holcroff avait été transmis par M. le Ministre de Travaux publics. Dans plusieurs villes de France ces tuyaux sont adoptés, à Orléans, Nantes, Tours. M. le Maire de Toulouse, dans une lettre datée du 26 juillet dernier, m'écrit : « Quant à la » nature des tuyaux, tous ceux employés jusqu'en 1851, ont été exclusi- » vement en fonte, mais aujourd'hui les tuyaux Chameroy sont adoptés » comme présentant plusieurs avantages, notamment celui d'une grande » économie. »

M. l'ingénieur Wattier écrit de Nantes, le 4 août dernier, à M. Richard, ingénieur distingué de notre ville, au sujet de l'emploi des tuyaux Chameroy :

« 1° Nous employons exclusivement les tuyaux Chameroy, *ils sont tous » commandés et vont nous arriver très prochainement.*

» 2° Notre pression statique sera de 30^{m} au maximum, la pression stati- » que, augmentée de la hauteur correspondante au frottement de l'eau, » sera de 35^{m} environ. Nous agissons par *refoulement direct* à la partie in- » férieure du réseau de distribution, nous aurons donc dans les conduites, » des coups de bélier que notre réservoir d'air ne fera pas disparaître en- » tièrement : il en résultera que nos tuyaux éprouveront des pressions » plus fortes que celles établies ci-dessus.

» 3° D'après les renseignements que j'ai reçus de Marseille, on peut em- » ployer les tuyaux Chameroy jusqu'à quatre et cinq atmosphères. Je se- » rais même porté à croire *qu'ils résistent au moins aussi bien que la fonte*, » car s'ils ont éprouvé des avaries, sous des pressions de *dix atmosphères*, » la fonte de Pinard (Pas-de-Calais), a également *souffert, et même davan- » tage, dans les mêmes circonstances.*

» Les tuyaux Chameroy sont éprouvés à *dix atmosphères en fabrique*, » on offre de les essayer à quinze atmosphères, si on le demande.

» Toutefois, jusqu'ici, je crois qu'on ne les a pas employés pour des » pressions plus fortes de cinq atmosphères : *voici le fait pratique.*

» 4° Les avantages de ces tuyaux sont de coûter, *aux prix actuels des » fontes*, environ 40 p. 100 de moins que les tuyaux en fonte, et même » peut-être 50 p. 100 : c'est là l'avantage capital.

» La pose est *plus prompte*, *plus facile* et *plus sûre.*

» Il y a quelque incertitude relativement à la facilité des branchements » après la pose : on craint qu'en perçant des trous, on ne mette la tôle à » découvert. La pratique n'a pas confirmé ces craintes; *M. Dupuit* m'a dit » qu'on ne s'occupe plus de cela à Paris.

» Mon opinion personnelle, surtout aujourd'hui qu'il faut tenir grand » compte du prix des fontes, *est qu'il ne faut pas hésiter à adopter le Cha- » meroy.* Cet industriel me fait d'ailleurs l'effet d'un honnête homme, les » relations avec lui sont très agréables. »

On le voit, d'après tous ces renseignements, qui émanent de sources différentes, et dont l'autorité est grande en semblable occurrence on ne peut rejeter d'une manière absolue, l'emploi des tuyaux Chameroy ; je vous proposerai, en conséquence, Messieurs et collègues, avant de prendre une décision dans une affaire si délicate, de recourir aux lumières des hommes les plus compétents; je vous inviterais à consulter, à Paris, le corps divisionnaire des ponts-et-chaussées. Cette réunion d'hommes si éminents par leur profond savoir, nous guiderait sûrement : ils nous diraient si nous devons adopter ou rejeter les tuyaux en fonte, ou bien si nous pouvons en toute sécurité donner la préférence aux tuyaux Chameroy, qui nous procureraient une économie que nous désirons tous si vivement.

CHAPITRE V.

QUESTION FINANCIÈRE.

Je devrais maintenant aborder la question financière, si intéressante pour notre ville, mais le projet qui consiste à prendre l'eau à la Daguenière n'étant pas encore connu, je ne puis en examiner les chiffres, pour les comparer à ceux que nécessiterait l'établissement des fontaines, si l'eau était prise à la Maine. Je me contenterai, dès lors, de présenter seulement quelques observations.

Vous n'avez pas oublié, Messieurs et collègues, que dans une des séances du Conseil municipal de 1852, à l'occasion de l'établissement de nos fontaines publiques, j'avais établi qu'il y avait une très notable différence entre le chiffre des frais de premier établissement pour ces fontaines, l'eau étant prise à la Maine, et celui qui serait atteint dans le cas où l'on préfererait l'eau de la Loire. Pour faire ressortir cette différence, qui a lieu également pour les frais d'entretien annuel, je m'étais étayé surtout de l'autorité de M. Houyau ; en preuve de ce que je vous disais, je citais un extrait du Mémoire que cet ingénieur avait adressé en 1836, à M. le Maire et à MM. les membres du Conseil municipal. Lorsque je fis connaître les chiffres qui sont indiqués avec tant de soin dans ce rapport, et qui se trouvent résumés avec beaucoup de talent dans plusieurs tableaux, on fut tellement surpris de la *différence énorme* que je signalais, que l'on se récria tout d'abord sur *leur exagération*. On me dit que ces chiffres n'étaient pas *sérieux*, qu'ils étaient donnés d'une manière *peu rigoureuse*, et qu'il ne fallait pas se baser sur eux. On ajouta que depuis la publication du rapport, les prix des conduites, celui des machines à vapeur et du charbon, ce dernier au sujet de l'entretien annuel, avaient presque diminué de moitié; ainsi, les différences sur lesquelles je m'appuyais, n'étaient plus fondées. Je pensais bien qu'il y avait une diminution en raison du prix moins élevé des divers matériaux ou des machines employées, mais j'étais certain que la différence était encore considérable. D'un autre côté, je ne me rendais pas bien compte du reproche qu'on adressait au Mémoire de *M. Houyau*, de n'être pas *sérieux*, d'être *empreint d'exagération;* je ne comprenais pas comment un Mémoire qui avait été discuté et examiné avec un soin presque minutieux, par notre collègue, M. Fourier, dans son second Mémoire de 1836; comment, dis-je, ce travail présentait d'aussi grands défauts; comment M. Fourier, qui avait combattu le projet de M. Houyau, concernant l'établissement d'un canal latéral à la Loire, n'avait pas en même temps fait ressortir avec tout autant de force et de clarté, l'exagération des chiffres indiqués par M. Houyau, si elle existait réellement. Je ne savais pourquoi M. Fourier n'avait pas dit nettement que l'économie si considérable, annoncée par M. Houyau, en faveur de la Maine, était purement illusoire; que les calculs à l'aide desquels cet ingénieur était parvenu à l'obtenir, ne pouvaient se soutenir, lorsqu'on les analysait sérieusement. Je m'expliquais d'autant plus difficilement le silence de M. Fourier à cet égard, que je lisais dans son Mémoire les objections et les réflexions qu'il faisait presqu'à chaque page, à l'occasion de celui qu'il examinait avec tant de soin, discutant, tantôt les prix portés par M. Houyau, pour l'achat des machines, tantôt la quantité ou la qualité du charbon dépensé. Comparant d'ailleurs avec attention les deux rapports, je ne trouvais que de faibles dissidences entre la manière de voir de ces deux ingénieurs, je ne pouvais reconnaître entr'eux aucune différence essentielle. Ainsi, à peu près mêmes chiffres, mêmes évaluations, mais un point de départ et d'arrivée différents pour l'eau. En l'absence complète de reproches de la part de M. Fourier, au sujet de la différence si grande entre les frais de premier établissement, pour l'eau qui serait prise à la Maine, et pour celle qui serait prise à la Loire; de même que pour les frais annuels, je me suis cru dès lors suffisamment autorisé à vous faire part, Messieurs et collègues, *de cette différence importante*, qui vous a tant surpris. Néanmoins, ne pouvant dans le moment répondre dans le Conseil, aux observations qui m'étaient faites presque par chacun de mes collègues, et sentant parfaitement toutefois toute la gravité de ces observations, j'ai dû m'empresser, après la séance du Conseil municipal, d'écrire à M. Houyau, pour lui demander ce que je devais penser dans cette circonstance, et s'il méritait réellement les *torts graves* qu'on lui attribuait; dans sa réponse, qui est à la date du 8 septembre 1852, M. Houyau me dit : « Depuis 1836, » époque à laquelle j'ai adressé mon premier Mémoire sur cette question » au Conseil municipal d'Angers, les choses se sont notablement modi- » fiées, soit pour le prix de revient des conduites, soit pour les dépenses » annuelles (il n'est pas question des machines dont le prix pour celles qui sont bonnes, m'a dit M. Houyau, est toujours à peu près le même), » ainsi les conduites en fonte, que j'avais portées à 40 francs les cent ki- » logrammes, n'en coûteront pas aujourd'hui plus de 25, et les machines » à vapeur, dont la consommation en moyenne était alors de 5 kilo- » grammes de charbon, par heure et par force de cheval, sont descen- » dues aujourd'hui à un kilogramme et demi ou deux kilogrammes.

» Mais, sauf cette modification, tout ce que j'ai dit alors était *aussi* » *exact* qu'il était possible, et *l'est encore aujourd'hui*....

» Il *est évident*, par exemple, que pour faire venir l'eau de la Loire sur » le Mail, à Angers, il en coûtera plus cher que pour faire venir l'eau de » la Maine. »

On voit que M. Houyau n'a pas changé le point d'arrivée de l'eau, comme l'a fait M. Fourier, dans son second rapport de 1836, sans qu'il ait présenté un motif suffisant pour justifier ce changement. En 1835, M. Fourier disait : « Comme aux abords de la porte Saint-Aubin (1), la » *circulation est très active*, et que *l'espace est resserré*, il serait peut-être » convenable de conduire les eaux à 400 mètres plus loin, jusqu'à la pe- » tite place qui précède le champ de foire, et bien que le terrain y soit » de un mètre 88 centimètres plus bas qu'à la porte Saint-Aubin, il serait » assez élevé cependant, pour qu'en tenant les eaux dans le réservoir à » quelques mètres au-dessus du sol, on pût aisément les diriger sur tous » les points où des fontaines seraient plus tard jugées nécessaires.

» Le château d'eau se trouverait ainsi établi dans une partie de la » ville, où, sans *gêner la circulation*, il pourrait *devenir un ornement* pour » une de nos promenades les plus fréquentées. » Cette citation témoigne du soin tout particulier avec lequel M. Fourier avait étudié le point d'arrivée des eaux, il avait examiné attentivement *les avantages et les inconvénients* des deux points que l'on pouvait choisir, et les raisons qui l'avaient

(1) Page 11.

décidé dans ce choix, étaient déterminantes; il ne voulait pas *gêner la circulation* dans un point de la ville où elle est, *on le sait*, *très active;* il désirait que le *château d'eau fût un ornement* pour une de nos promenades.

M. Fourier, dans son second rapport, change de manière de voir, il désigne comme étant le plus convenable pour le point d'arrivée des eaux, la rencontre du boulevard et du faubourg Bressigny, qui est en même temps l'un des plus élevés de la ville et l'un des plus rapprochés de la route des Ponts-de-Cé. Il rejette l'idée qu'il avait exprimée en parlant du château d'eau. « Les châteaux d'eau, dit-il (1) en effet, destinés à recevoir les eaux à une grande hauteur, de manière à pouvoir les distribuer » à tous les étages des maisons, offrent habituellement des formes moins » élégantes que celles des fontaines; celui de Toulouse, par exemple, dont » la convenance et la bonne exécution *ne méritent que des éloges*, a été » l'objet de quelques critiques sous les rapports du goût et de la décora- » tion, et à cet égard, cependant, il est bien mieux que ceux de Béziers, » et du Gros-Caillou, à Paris, qui ont la même destination. »

Ces motifs, qui devaient alors se présenter à l'esprit de M. Fourier, lorsqu'il avait déterminé l'emplacement du château d'eau, après plus mûres réflexions de sa part, étaient-ils suffisants pour l'obliger à modifier ses idées au sujet du point d'arrivée des eaux? Il est permis d'en douter, lorsque l'on voit que, de l'aveu même de M. Fourier, le château d'eau de Toulouse *est bien entendu*, *et ne mérite que des éloges*, *par sa bonne exécution et sa convenance*; il est vrai qu'il a été l'objet de quelques critiques, et c'est ce qui effraye M. Fourier. Ces critiques, au surplus, sont peut-être mal fondées? Quoi qu'il en soit, et malgré celles qu'on a adressées à ce château d'eau, il n'en sert pas moins d'ornement et de décoration à cette ville. Mais, quel est donc le monument qui n'a pas été critiqué? M. Fourier sait bien mieux que moi que si l'on se laissait entraîner par de telles considérations, on ne ferait jamais rien ni de grand, ni de beau, tant les critiques sont souvent passionnés et injustes!

Je ferai remarquer que ce changement dans le point d'arrivée des eaux produisait une différence de 400 mètres de parcours en plus pour la Maine, et en moins pour la Loire, ce qui devait nécessairement diminuer d'autant le chiffre de la dépense totale pour l'eau de cette dernière. Je ne

(1) Page 10.

dis pas que telle ait été l'intention de M. Fourier, c'est seulement une réflexion qui m'est venue à la pensée, en lisant cette partie de son Mémoire, et que je livre à l'appréciation de mes collègues, sans y attacher plus d'importance qu'elle ne mérite.

Je reviens à la lettre de M. Houyau :

« Le travail que j'ai fait en 1836, *était sérieux* et *très sérieux*, *selon moi;*
» si j'avais à le recommencer, je le ferais sur les mêmes principes, j'arrive-
» rais sans doute à des chiffres différents, par suite du changement de
» prix des matières, mais je me servirais des mêmes données, à moins
» qu'on *ne me prouve que j'ai fait erreur* sur quelques points... »

Dans une autre lettre, datée du 12 juillet dernier, M. Houyau m'écrit de nouveau. « Enfin, sauf les modifications que je vous ai signalées et
» qui sont le résultat du progrès ou des influences commerciales, *je main-*
» *tiens tous les principes que j'ai énoncés* et les *conséquences que j'en ai ti-*
» *rées*. Il est évident que l'eau de la Maine coûtera moins à distribuer que
» l'eau de la Loire. »

En présence de ces explications si positives et si formellement exprimées, *à moins de prouver les inexactitudes du travail de M. Houyau, par une réfutation qui lui serait soumise*, il est impossible de ne pas admettre la sincérité de ses évaluations, qui d'ailleurs, je le répète, ne diffèrent pas notablement de celles de M. Fourier. J'avais donc raison d'invoquer les résultats de ce travail, et j'éclairais, en les citant, les membres du Conseil sur les intérêts financiers de notre ville.

Je crois utile de reproduire ici ces résultats comparatifs, qui seront bien plus sûrement appréciés par écrit, que lorsque je les ai donnés de vive voix.

Premier tableau comprenant les frais de premier établissement à la Loire, y compris la dépense pour la distribution de *l'eau filtrée dans les différentes parties de la ville*, ceux d'entretien annuel, tels qu'ils ont été présentés dans les rapports de MM. Fourier et Houyau. Ces derniers frais, comprenant 5 p. 100 du total de la dépense des frais de premier établissement.

1er TABLEAU. — Projet de 1836, de MM. FOURIER et HOUYAU.

EAU.	M. FOURIER.	M. HOUYAU.	M. FOURIER.	M. HOUYAU.	M. FOURIER.	M. HOUYAU.
1,800,000 LITRES.	FRAIS de premier établissement.	FRAIS de premier établissement.	FRAIS d'entretien annuel.	FRAIS d'entretien annuel.	FRAIS d'entretien annuel avec intérêt à 5 p. 0/0.	FRAIS d'entretien anuuel avec intérêt à 5 p. 0/0.
LOIRE	607,835	687,676	34,100	37,240	64,492	71,623
MAINE	481,735	442,625	31,160	33,397	55,246	55,528
Différence en moins pour la Maine	126,100	245,051	2,940	3,843	9,246	16,095

Second tableau présentant les mêmes frais, mais avec les prix réduits des conduites, et la réduction de la dépense pour le charbon, calculs que j'ai faits avec M. Houyau, et présentant l'intérêt du chiffre de la dépense pour frais de premier établissement, calculé à 5 p. 100 et 4 p. 100, suivant le mode de paiement qui serait adopté par le Conseil, dans le cas où l'on ne ferait pas appel à une compagnie, ce qui serait, selon moi, bien plus avantageux pour notre ville.

2e TABLEAU, avec la réduction des prix.

EAU.	M. FOURIER.	M. HOUYAU.	M. FOURIER.	M. HOUYAU.	M FOURIER.	M. HOUYAU.	M. FOURIER.	M. HOUYAU.
1,800,000 LITRES.	FRAIS de premier établissement.	FRAIS de premier établissement.	FRAIS d'entretien annuel.	FRAIS d'entretien annuel.	FRAIS d'entretien annuel avec intérêt à 5 p. 0/0.	FRAIS d'entretien annuel avec intérêt à 5 p. 0/0.	FRAIS d'entretien annuel avec intérêt à 4 p. 0/0.	FRAIS d'entretien annuel avec intérêt à 4 p. 0/0.
LOIRE	535,521	594,166	19,706	21,177	46,482	50,885	41,126	44,943
MAINE	418,255	426,075	17,130	19,757	38,042	41,060	33,860	36,800
Différence en moins pour la Maine	117,266	168,091	2,576	1,420	8,440	9,825	7,266	8,143

Je ne déduirai pas les conséquences que l'on peut tirer de ces chiffres; chacun de vous, Messieurs et collègues, les trouvera de suite et facilement. Il n'est pas possible de dire, en présence de tels résultats, que les différences entre les deux projets sont peu marquées. On le voit, comme me l'écrivait M. Houyau, dans le mois de juillet dernier : *Il est évident que l'eau de la Maine coûtera moins à distribuer que l'eau de la Loire.*

Cette opinion est bien différente, j'en conviens, de celle de M. Fourier. On n'a pas oublié que, dans le chapitre cinquième de son Mémoire, à l'occasion des dépenses comparatives, qui seraient nécessaires pour l'eau de la Loire, ou celle de la Maine, il s'exprimait ainsi (1) : « Il nous reste » cependant quelques observations à vous présenter, qui semblent devoir » rapprocher les dépenses et *donner même l'espoir que les eaux de la* » *Loire nous coûteraient moins cher que celles de la Maine.* » Il est vrai que pour rapprocher le chiffre de la dépense, M. Fourier avait recours à un tableau (le septième), dont l'inexactitude, par rapport au prix des machines, des pompes et des bâtiments, est des plus évidentes; de même que celui qui concerne les dépenses annuelles. Aussi, je ne suis nullement étonné qu'il ait conçu cette espérance, si l'on réfléchit en outre, à la somme considérable qu'il portait alors pour l'établissement des filtres artificiels à la Maine, et pour leur entretien annuel. J'invite M. Fourier à revoir ce septième tableau, et à le comparer avec ceux qu'il avait précédemment donnés, ce dernier n'étant que la conséquence des premiers; il verra, par exemple, que dans les colonnes qui concernent les dépenses pour les frais de premier établissement au sujet des bâtiments, des pompes et des machines, celle qui est réservée à la Maine est tout-à-fait inexacte, et présente une élévation dans les chiffres, qui est en complet désaccord avec ceux qui se trouvent consignés dans les tableaux précédents qui avaient trait au même objet; qu'ainsi, le chiffre total des frais de premier établissement pour la Loire et pour la Maine, ne peut être maintenu, parce qu'il manque d'exactitude pour la Maine. Il s'assurera de même facilement, en jetant les yeux sur les colonnes qui sont établies pour les frais annuels, d'entretien et d'activité, de même que pour ceux annuels qui comprennent de plus l'intérêt du capital de premier établissement; que tous les chiffres qui concernent les dépenses pour la Maine, ont été exagérés; bien à l'insu, j'en suis convaincu, de notre estimable collègue, mais l'erreur n'en est pas moins positive; toutes les réflexions qu'il a faites dès lors, manquent de solidité et ne peuvent être adoptées, puisque les calculs sur lesquels elles reposent, ne sont pas justes (1).

Au surplus, Messieurs et collègues, vous prononcerez définitivement sur ce qu'il convient de faire au sujet de l'eau qui devra alimenter nos

(1) Page 54.

(2) Voir ce tableau aux pièces justificatives.

fontaines publiques, j'ai confiance dans votre sagesse, autant que dans votre sollicitude éclairée pour la bonne gestion des deniers de notre cité.

CHAPITRE VI.

RÉSUMÉ DE CES OBSERVATIONS.

On l'a vu, dans les différentes parties de ce travail, je ne me suis pas préoccupé du préjugé qui existe, nous dit-on, en faveur de l'eau de la Loire, en opposition avec celle de la Maine. Je n'ai pas voulu rechercher jusqu'à quel point ce préjugé existait réellement dans notre ville, ni quels étaient ceux qui avaient peut-être contribué à le propager. Pour combattre ces préventions populaires, qui sont, dit-on, si fortement enracinées chez nos concitoyens, j'ai pris un moyen qui, je crois, sera approuvé de tous. Dans une question qui nous intéresse à un si haut point, j'ai eu recours à deux guides précieux, ces deux guides, qu'on peut suivre en toute sûreté, et qui ne nous trompent jamais, sont la *science* et *l'expérience*: avec eux, on est certain de résoudre, au profit des populations, toutes ces hautes questions d'hygiène, qui sont liées d'une manière si intime à leur bien-être. Je crois avoir prouvé jusqu'à l'évidence, aux yeux même les plus prévenus, que je n'appuyais mon opinion que sur des raisons avouées par une saine théorie et la pratique la plus éclairée. Dès lors, il m'est peut-être permis d'exprimer ma pensée sur le choix que l'on doit faire de l'eau de la Loire ou de celle de la Maine.

Je la résumerai en ces termes :

L'eau de la Maine, sous le double rapport de la *potabilité* et de la *salubrité*, présente des *qualités physiques et chimiques égales à celles de la Loire*. On peut *l'utiliser comme boisson avec tout autant de sécurité;* il n'y a entre ces deux rivières *aucunes différences hygiéniques* qui puissent être *scientifiquement démontrées*.

Cette proposition compte en sa faveur les délibérations de la Société de Médecine et celle du Comité de salubrité, qui ont été prises à l'unanimité.

Elle est fortifiée par l'expérience qui a fait connaître l'usage journalier que font de l'eau de la Maine, les riverains, les pêcheurs, les mariniers, auxquels il convient de joindre toutes les personnes de notre ville qui achètent cette eau à l'établissement de la Basse-Chaîne.

L'eau de la Maine réunit toutes les qualités physiques qui sont exigées par *les médecins* et par *les chimistes* : ainsi, après qu'elle a été filtrée, elle est *fraîche*, *limpide* et *sans odeur;* son goût ne peut être distingué le plus souvent de celui de l'eau de la Loire qui a été filtrée, *même après la dégustation la plus attentive.* L'eau de la Maine est *convenablement aérée*, elle n'est ni désagréable, ni fade, ni salée, ni douceâtre; lors de l'ébullition, elle n'est pas troublée, elle ne laisse aucun dépôt, même après son refroidissement; elle dissout parfaitement le savon, cuit très bien les légumes secs et les viandes; elle convient aussi pour faire les infusions de thé et de café, ainsi qu'à tous les usages industriels et domestiques; elle n'altère pas sensiblement les chaudières à vapeur : elle réunit en un mot toutes les *qualités* des eaux *douces*, et ne présente *pas un seul des inconvénients qui ont été signalés* pour les eaux *dures*, *crues*, ou *séléniteuses*.

La composition chimique de l'eau de la Maine, *offre toutes les garanties désirables;* elle ne présente que 0,157 milligrammes de sels, à peine trois grains par litre, *ce qui est rare pour les eaux qui servent de boisson habituelle en France. Comme les eaux de Garonne et de la Seine, entre lesquelles elle se trouve placée par rapport à la proportion des matières salines qu'elle renferme, elle pourrait servir de type d'eau potable.*

La matière organique qu'elle contient, est inférieure à celle de l'eau de la Loire analysée à Nantes, elle s'y trouve en suspension, et se perd presque en totalité au moment de la filtration, *pour l'une et l'autre eau*, elle est dès lors *tout-à-fait insignifiante*, *et ne peut avoir aucune influence* sur leur *potabilité* et sur leur *salubrité*.

L'acide carbonique qui sert à dissoudre le carbonate de chaux qui est dans l'eau de la Maine, et le tenir à l'état de bi-sulfate, ne peut l'abandonner, par suite de causes *nombreuses;* ce n'est qu'à *une température élevée* qu'il pourrait être enlevé au carbonate de chaux; il n'est pas à craindre dès lors que les conduites où les réservoirs en plomb, soient attaqués par cet acide et puissent ainsi produire un carbonate de plomb : *poison violent*, et qui pourrait déterminer dans ce cas, de *si cruels accidents*. La petite quantité de sels, qui se trouve contenue dans l'eau de la Loire, pourrait plutôt favoriser la production de ce sel plombique, mais cela n'est guère probable.

L'eau de la Maine et celle de la Loire peuvent être facilement et convenablement filtrées artificiellement. Dans les temps ordinaires, leur filtration sera toujours parfaite; lors des grandes eaux ou *soubernes*, cette filtration ne pourrait être obtenue complète pour la Loire, il en serait de même, mais moins longtemps pour la Maine; ces deux eaux, néanmoins, peuvent être très utilement distribuées après leur dépuration, de manière à ce qu'elles soient agréables *à la vue et au goût : qualités indispensables*, comme je l'ai fait voir.

Il n'est pas probable que l'on puisse filtrer naturellement l'eau de la Loire; dans tous les cas, le lieu (aux Ponts-de-Cé) où l'on tenterait d'établir ce filtre naturel, serait mal choisi, car, une partie de l'année, l'eau qui servirait à l'alimenter, serait stagnante, et il est plus que douteux, qu'après avoir été reçue dans les galeries filtrantes, l'eau puisse conserver toutes les qualités qui pourraient la rendre propre aux divers usages culinaires et industriels, puisque le sondage a démontré l'existence d'un sulfate dans sa composition.

Enfin on peut malheureusement redouter la formation des tubercules ferrugineux, dans les tuyaux de conduite de nos fontaines, si l'on a recours à la fonte. Il faut alors songer à l'emploi des moyens préventifs, proposés par les auteurs, ou bien à l'usage des tuyaux Chameroy, la nature de la fonte, *quelle quelle soit*, *blanche ou grise*, ne pouvant mettre à l'abri d'un si funeste accident.

J'ai l'honneur, en conséquence, Messieurs et collègues, de vous proposer :

1° De choisir, pour alimenter nos fontaines, l'eau de nos deux rivières dont le projet sera le moins coûteux, la question ne pouvant plus être envisagée, aujourd'hui, *que sous le rapport de la dépense.*

2° De consulter, à Paris, le corps divisionnaire des ponts-et-chaussées, juge si compétent en semblable matière, pour qu'il veuille bien nous donner son avis, sur l'espèce des tuyaux de conduite qui devront être adoptés.

3° Enfin, de faire appel aux diverses compagnies, avec lesquelles la ville d'Angers pourrait traiter plus tard, et de s'adresser spécialement à celle dont M. Siméon est le président; cette compagnie paraissant offrir toutes les qualités que nous serions en droit d'exiger, et plusieurs villes étant déjà entrées en arrangement avec elles, à de *très bonnes conditions*.

Angers, le 25 septembre 1853.

BIGOT,

Conseiller municipal, membre de la Commission des fontaines, vice-président du Comité départemental d'hygiène et de salubrité d'Angers.

N° I. — *Analyse de l'eau de la Tamise, faite par le Docteur Pearson et M. Garduer, présenté aux commissaircs désignés pour faire une enquête sur l'approvisionnement d'eau de Londres.*

	PESANTEUR spécifique.	MURIATE de magnésie	MURIATE de soude.	SULFATE de chaux.	CARBONATE de chaux.	SILICE et matières végétales ou carbonnées.	TOTAL de tous les ingrédiens dans chaque eau.
L'eau distillée étant..........	1000	Grains.	Grains.	Grains.	Grains.	Grains.	Grains.
Eau de Teddington 1 gallon...	1000,18	0,14	1,00	1,31	8,55	0,10	11,10
Eau de Dolphin à marée haute..	1000,40	0,28	1,40	1,44	11,80	0,30	15,22
Du côté de Surrey, en face de Dolphin, à marée haute, à peu près à 70 yards du point où la compagnie de Southwark et Vauxhall prennent les eaux.	1000,40	0,28	1,30	1,44	10,60	0,20	13,72
Eau prise au second avant-bec de l'arche centrale du pont de Battersea...............	1000,40	0,20	1,24	1,30	10,70	0,20	13,64
Idem à marée basse.........	1000,40	0,14	1,09	1,30	9,10	0,15	11,78
Du côté de Surrey, opposée à Dolphin, à 150 pieds du bord.	1000,18	0,14	1,09	1,22	9,60	0,15	12,20
A Dolphin, 5 minutes avant et 1 heure 1/2 après le flux...	1000,40	0,28	1,20	1,30	9,90	0,20	12,88
A Dolphin, à 3 heures 20' après-midi, à marée basse.......	1000,30	0,28	1,26	1,44	10,20	0,20	13,38
Au 2e avant-bec de l'arche centrale du pont de Battersea, à 3 heures 3/4 après-midi....	1000,30	0,28	1,20	1,44	10,30	0,20	13,42
Du côté de Surrey, opposé à Dolphin, à près de 120 pieds du bord, à 3 heures 25'....	1000,40	0,20	1,18	1,30	10,00	0,30	13,98

N° II. — *Analyses données par M. Brande, dans une séance à l'Institution royale, en 1846.*

POUR UN GALLON.	TAMISE			
	à Chelsea.	au pont de Londres.	à Teddington	à Colne.
Carbonate de chaux........................	16,5	16,4	14,8	18,1
Sulfate de chaux........................	1,5	6	1,2	1,2
Sel........................	1,7	2	1,4	2
Sulfate de soude........................	»	»	»	»
Carbonate de magnésie........................	trace.	trace.	trace.	»
Phosphates........................	»	»	»	»
Silice........................	trace.	trace.	trace.	trace.
Carbonate de soude........................	»	»	»	»
Totaux........	19,7	24,4	17,4	21,3

Partie du 7e Tableau de M. FOURIER, comprenant les erreurs que j'ai signalées.

LITRES d'eau CONSOMMÉS.	BATIMENTS pompes et machines.		TOTAUX.		FRAIS ANNUELS d'sntretien ET D'ACTIVITÉ.		FRAIS ANNUELS en y comprenant l'intérêt du capital de premier établissement.	
	LOIRE.	MAINE.	LOIRE.	MAINE.	LOIRE.	MAINE.	LOIRE.	MAINE.
600,000	41,280	42,760	389,877	306,117	14,290	15,090	33,784	30,396
900,000	50,420	52,630	444,408	352,898	19,240	20,450	41,460	38,095
1,200,000	59,560	62,510	505,479	401,909	24,190	25,810	49,464	45,905
1,500,000	68,700	72,390	557,777	447,347	29,140	31,160	57,029	53,527
1,800,000	77,850	82,270	607,835	491,615	34,100	36,520	64,492	61,101
2,100,000	86,990	92,150	655,829	534,899	39,050	41,880	71,841	68,625
2,400,000	96,120	102,030	702,561	577,481	44,000	47,230	79,128	76,104
2,700,000	105,270	111,910	748,094	619,464	48,960	52,590	86,365	83,563
3,000,000	114,410	121,780	792,667	660,947	53,910	57,950	93,543	90,997
3,200,000	120,510	128,400	830,906	697,406	57,210	61,520	98,755	96,390

Partie du 7e Tableau, avec les erreurs rectifiées.

LITRES d'eau CONSOMMÉS.	BATIMENTS LOIRE.	BATIMENTS MAINE.	TOTAUX LOIRE.	TOTAUX MAINE.	FRAIS ANNUELS LOIRE.	FRAIS ANNUELS MAINE.	FRAIS ANNUELS (intérêt) LOIRE.	FRAIS ANNUELS (intérêt) MAINE.
600,000	41,280	39,460	389,877	302,817	14,290	13,310	33,784	28,451
900,000	50,420	47,700	444,408	347,968	19,240	17,770	41,460	35,168
1,200,000	59,560	55,930	505,479	395,329	24,190	22,240	49,464	42,006
1,500,000	68,700	64,160	557,777	438,717	29,140	26,700	57,029	48,636
1,800,000	77,850	72,390	607,835	481,735	34,100	31,160	64,492	55,247
2,100,000	86,990	80,620	655,829	525,369	39,050	35,630	71,841	61,798
2,400,000	96,120	88,850	702,561	564,301	44,000	40,090	79,128	68,303
2,700,000	105,270	97,090	748,094	604,644	48,960	44,560	86,365	74,792
3,000,000	114,410	105,320	792,667	644,487	53,910	49,020	93,543	81,244
3,200,000	120,510	110,810	830,906	679,816	57,210	52,000	98,755	85,990

1er TABLEAU. — Épreuves faites le 25 juillet 1853, par MM. les Chimistes CADOT et DAVIERS, dans le laboratoire de l'École de Médecine, en présence de MM. les Professeurs LAROCHE (Victor) et BIGOT, sur les eaux de la Loire et de la Maine filtrées, portant les nos 1, 2 et 3, placés sur des étiquettes cachetées.

Le no 1er désignant l'eau de la Maine puisée aux Fours à Chaux; le no 2, l'eau de la Loire; et le no 3, l'eau de la Maine, du Pont de la Haute-Chaîne. Toutes les trois, puisées dans le courant.

NOMS DES ÉPREUVES.	PROPRIÉTÉS PHYSIQUES. No 1.	No 2.	No 3.
Limpidité ou transparence...........	Parfaite.	Parfaite.	Parfaite.
Odeur.........................	Nulle.	Nulle.	Nulle.
Saveur........................	Agréable.	Agréable.	Agréable.
Ébullition.....................	Sans trouble.	Sans trouble.	Sans trouble.
Refroidissement après l'ébullition.....	Pas de précipité.	Pas de précipité.	Pas de précipité.

2e TABLEAU. Essais par les réactifs, faits le 25 juillet 1853, par MM. les Chimistes Cadot et Daviers, dans le laboratoire de l'École de Médecine, en présence de MM. les Professeurs Laroche (Victor) et Bigot, sur les eaux de la Loire et de la Maine, filtrées, portant les nos 1, 2 et 3, placés sur des étiquettes cachetées.

Le no 1er désignant l'eau de la Maine, puisée aux Fours à Chaux; le no 2, l'eau de la Loire; et le no 3, l'eau de la Maine, du pont de la Haute-Chaîne. Toutes les trois puisées dans le courant.

MOMS DES RÉACTIFS.	CARACTÈRES POSITIFS.			CARACTÈRES NÉGATIFS.			OBSERVATIONS.
	No 1.	No 2.	No 3.	No 1.	No 2.	No 3.	
Teinture de tournesol........................	»	»	»	Pas d'effet.	Pas d'effet.	Pas d'effet.	Pas d'acides minéraux.
Papier de curcuma ou de tournesol, rougi par un acide........................	»	»	»	»	»	»	Pas d'alcali.
Teinture alcoolique de bois d'Inde (l'eau distillée étant restée jaune avec cette teinture)..	Couleur violette.	Couleur violette.	Couleur violette..	»	»	»	Présence d'un bi-carbonate.
Chlorure de calcium........................	»	»	»	»	»	»	Bi-carbonate de chaux.
Eau de chaux (examen après une heure).....	Précipité blanc.	Précipité blanc moins marqué.	Précipité blanc moins marqué que le no 1, plus que le no 2.	»	»	»	Acide carbonique, moins dans le no 2.
Teinture de noix de Galles (examen après une heure)........................	»	»	»	»	»	»	Pas de matière organique appréciable.
Acide sulfydrique et sulfydrate de potasse......	»	»	»	»	»	»	*Il n'y a ni fer, ni plomb, ni cuivre.*
Teinture alcoolique de savon (examen après une heure)........................	Liquide opalin non caillebotté, sans précipité.	Liquide opalin non caillebotté, sans précipité, offrant une légère différence en moins.	Liquide opalin non caillebotté, sans précipité.	»	»	»	Sels calcaires ou magnésiens
Azotate d'argent cristallisé (examiné après une heure). Liquide acidulé avec 10 gouttes, pour chaque d'acide azotique........	Très légère action.	Très légère action, un peu moins que pour les nos 1 et 3.	Très légère action.	»	»	»	Présence des chlorhydrates.
Azotate de baryte, 10 gouttes versées avec une pipette, dans chaque verre, contenant 10 centilitres d'eau........	»	»	»	»	»	»	Pas de sulfates.
Oxalate d'ammoniaque, 15 gouttes dans 10 centilitres de chaque espèce d'eau...........	Précipité blanc plus marqué que pour le no 2.	Précipité blanc moins marqué que pour les deux autres	Précipité blanc plus marqué que pour le no 2.	»	»	»	Présence des carbonates ou des chlorures de chaux, en moindre quantité pour le no 2.
Solution de bi-chlorure de mercure..........	»	»	»	»	»	»	Pas de matière organique appréciable.
Solution de chlorure d'or..................	»	»	»	»	»	»	*Id.*
Solution de sulfate de zinc.................	»	»	»	»	»	»	*Id.*
Ammoniaque liquide pur (expérience répétée deux fois)........	»	»	»	»	»	»	Pas de sels magnésiens appréciables.

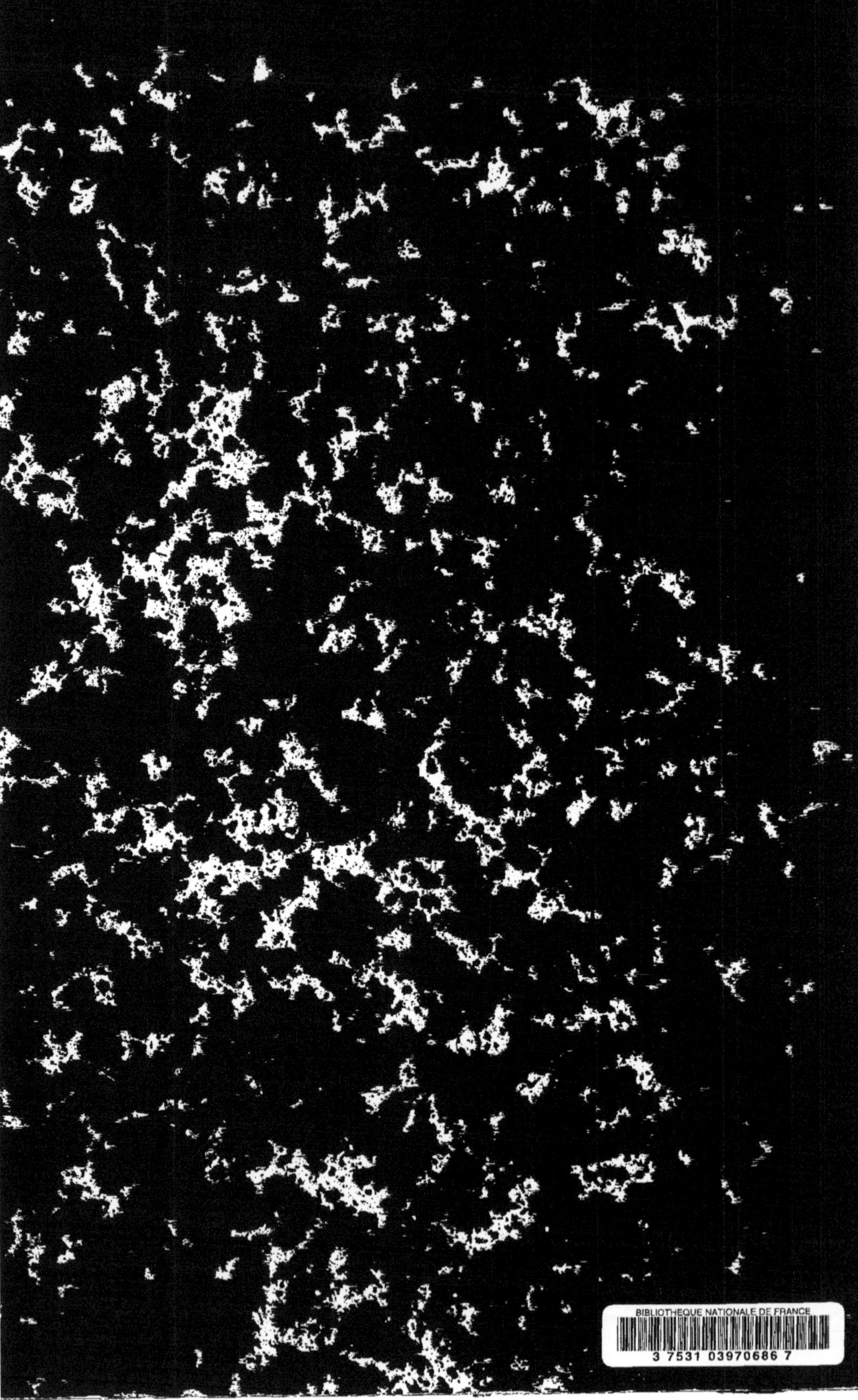

www.ingramcontent.com/pod-product-compliance
Ingram Content Group UK Ltd.
Pitfield, Milton Keynes, MK11 3LW, UK
UKHW020316250726
13967UKWH00004B/1761

9 782012 966758